MELHORES
POEMAS

Carlos Nejar

Direção
EDLA VAN STEEN

MELHORES
POEMAS

Carlos Nejar

Seleção
LÉO GILSON RIBEIRO

© Carlos Nejar, 2008

2ª EDIÇÃO, GLOBAL EDITORA, SÃO PAULO 2012

Diretor Editorial
JEFFERSON L. ALVES

Gerente de Produção
FLÁVIO SAMUEL

Coordenadora Editorial
ARLETE ZEBBER

Revisão
LUCIANA CHAGAS
TATIANA Y. TANAKA

Capa
VICTOR BURTON

Dados Internacionais de Catalogação na Publicação (CIP)
(Câmara Brasileira do Livro, SP, Brasil)

Nejar, Carlos
  Melhores poemas Carlos Nejar / seleção Léo Gilson Ribeiro. – 2. ed. – São Paulo: Global, 2012. – (Os melhores poemas / direção Edla van Steen)
  Bibliografia.
  ISBN 978-85-260-1621-7
  1. Poesia brasileira I. Ribeiro, Léo Gilson. II. Steen, Edla van. III. Título. IV. Série.

11-14549   CDD-869.91

Índice para catálogo sistemático:
  1. Poesia: Literatura brasileira   869.91

Direitos Reservados

GLOBAL EDITORA E
DISTRIBUIDORA LTDA.
Rua Pirapitingui, 111 – Liberdade
CEP 01508-020 – São Paulo – SP
Tel.: (11) 3277-7999 – Fax: (11) 3277-8141
e-mail: global@globaleditora.com.br
www.globaleditora.com.br

Obra atualizada conforme o
Novo Acordo Ortográfico da Língua Portuguesa

Colabore com a produção científica e cultural.
Proibida a reprodução total ou parcial desta obra sem a autorização do editor.

Nº DE CATÁLOGO: **1549**

Léo Gilson Ribeiro foi crítico literário e jornalista. Formado em Literatura Comparada na Universidade de Hamburgo, Alemanha, em 1959, lecionou Literatura Brasileira na Universidade de Heidelberg. Atuou como crítico literário no *Jornal da Tarde*, de São Paulo, e na revista *Veja*. Publicou *Cronistas do absurdo* (ensaios; Rio de Janeiro: José Álvaro Editor, 1964) e *O continente submerso* (São Paulo: Best Seller, 1988). Seu trabalho cultural em jornais e revistas lhe valeu o II Prêmio Nórdica de Jornalismo Literário. Faleceu em 2007.

CARLOS NEJAR, O POETA

Nejar em árabe quer dizer carpinteiro e Carlos tem sido o carpinteiro de magníficos poemas ao longo de 35 anos – uma vida adulta inteira de fidelidade à poesia.

Desde as mais longínquas citações de seus primeiros versos, vibra uma tensão – a revolta diante da situação social de abandono dos pobres no campo, sem terras, sem paga justa, sem futuro. Mas a inteligência disciplina essa ira, e Nejar nunca se afasta dessas figuras de aspecto humano e que agora constituem os 30 ou 40 milhões de brasileiros que vivem na mais humilhante e imóvel miséria. Alguns dos versos iniciais assinala, precoce:

> "Os homens eram de treva,
> fizeram-se escravos dela.
>
> Os homens eram remotos
> no grande túnel de pedra. [...]
>
> Floração ali não medra.
> Tudo o que nasce é de pedra. [...]
>
> O tempo nasceu do homem,
> mas o homem não é pedra. [...]

Os homens donde vieram
com seu destino de pedra?"

Lúcido sempre, Nejar jamais quis dar ao seu canto um tom fácil de panfleto político. Mas sabe que a poesia tira toda a sua seiva desse terreno áspero, que é a liberdade, e um ideal político totalitário não rima com a livre inspiração poética. Como ele poderia ter feito um nome nas rodinhas literárias ridículas que levam os criadores a congressos de literatura em Houston, Texas, ou em Frankfurt ou Berlim – e não quis. Mas se o poeta gaúcho não estava preso a nenhum manual de conversão política, tampouco poderia limitar-se apenas ao descampado, ao meio rural do Rio Grande do Sul. Como ele próprio reconhece e proclama:

"Embora preso ao pampa,
eu sempre fui sem pátria
ou acostumei-me à ingrata
volúpia de ir seguindo"

Semelhante aos poetas do romantismo inglês – sobretudo Wordsworth, que revelara, absorto: "O céu se estende sobre nós/ na nossa infância" –, Nejar tem da pátria uma noção que se une ao tempo que as rugas e os ponteiros dos relógios assinalam:

"Quem apartar a infância,
pode ser dela, ao menos,
absorto na fragrância
de seus campos amenos?"

A pátria abrange muito mais: a pátria é o ser humano, nosso próximo, são todos os países e todos os povos, como no canto fraternal do poeta norte-americano Walt Whitman. Nejar evoca a irmandade de todos os homens sobre este frágil planeta devastado por guerras, poluição e violência:

> "O homem sempre é mais forte,
> se a outro homem se aliar; [...]
>
> Por mais que a morte desfaça,
> há um homem sempre a lutar;
> o vento faz seu caminho
> por dentro, no seu pomar."

E na própria paisagem inaugural campestre, ele tem as primeiras e inesquecíveis fulgurações místicas, como o menino Miguilim do conto "Campo geral", de Guimarães Rosa, quando deixa a miopia e vê tudo num deslumbramento, com os óculos novos que lhe deram:

> "Um dia vi Deus numa palavra
> e luminosa despontava, argila.
> E Deus vagueava tudo, aquietava
> as numinosas letras, quase em fila."

Adão, feito da argila modelada por Deus, nomeava as flores, árvores, rios, animais do Paraíso e o Nome é uma palavra, banhada de transcendência. A palavra se comunica de um ser a outro, mas também indica uma interrupção-corte, separação, morte – ou um mistério de que apenas é o símbolo, a guardiã, o caminho do Absoluto: Deus.

Do viver árduo, áspero é que se extrai aquilo que fica depois que a morte passou como um arado sobre os nossos ossos e a nossa memória: a Esperança. Esperança de vida para os que se contentam com a existência carnal efêmera sobre a Terra. Esperança, além do acaso, da destruição, da frustração para os que, como o poeta, a arrancam do Mal universal e, mesmo aleijados, a esculpem a mando de seu coração:

> "Limarás tua esperança.
> Até que a mó se desgaste;
> mesmo sem mó, limarás
> contra a sorte e o desespero.
>
> Até que tudo te seja
> mais doloroso e profundo.
> Limarás sem mãos ou braços,
> com o coração resoluto.
>
> Conhecerás a esperança,
> após a morte de tudo."

Em um de seus versos mais formosos, o poeta admite, com clareza, como se contemplasse um céu coalhado de estrelas:

> "Amar é a mais alta constelação."

Através de todas as etapas de sua poesia – social, mística, épica, lírica – o seu canto é, inconfundivelmente, um canto viril, que não teme os grilhões dos poderosos que pretendem deformar a verdade ou estrangulá-la. Assim, no altivo, destemido, desafiador poema em que Giordano Bruno se levanta contra a hedionda Inquisição, diz:

> "Não é a mim
> que condenais.
>
> Nada podeis
> roubar-me.
> A verdade sofreu
> e eu sofri
> no grão dos ossos. [...]
>
> Não cedo
> o que aprendi
> com os elementos. [...]
>
> Eu me fiei
> ao universo
> e sou janela
> de harmonia
> indelével.
>
> Não vos julgo.
>
> O que se move
> é a história
> no caule da fogueira.
>
> Sou de uma raça
> que procede do fogo.
>
> Não podereis calar-me."

Dos tempos imemoriais, o homem pressente e só o poeta sabe, claramente, que até para os ateus e agnósticos, existem conceitos humanos que não passam pela Morte: a Verdade, a Justiça, o Amor, a Liberdade, a Ética, a Generosidade, a Compaixão, a Paz. Essa a razão para não temer aquela que o grande poeta pernambucano Manuel Bandeira chamava de "A indesejada das gentes", a Morte. Ele vê esse momento final do corpo, senão da alma também, como o retorno cíclico de outro eu:

"Depois minha morte vai amadurecer de novo, mas será da mesma natureza. E aprenderei a falar com o mundo. E o mundo vai amadurecer como uma pera e depois vai vir uma semente com o mesmo nome. Porém, já serei eterno."

Como para a Antiguidade Clássica, a Grécia calcada sob os pés do tosco Império de Roma, as estações que se sucedem, antecipam ao ser humano, a sua perenidade. Como cita o genial poeta inglês John Donne: "Morte, onde está tua vitória?".

O livro de Nejar, *O túnel perfeito* (1994) – um longo e culto canto contra a tirania dos controladores da mídia nesse nosso indigente Brasil –, diz:

"E eu ressuscitarei na palavra."

Basta um relance sobre a triste história da humanidade para nos convencer de que os poetas (mesmo os que escrevem em prosa, como Dostoiévsky) sempre ergueram suas consciências e sua altivez contra os tiranos: Ossip Mandelstamm no "Gulag" (campo de concentração) soviético de Stálin, García Lorca caindo fuzilado pelos fascistas espanhóis, Graciliano Ramos preso nas cadeias do "Estado Novo" de Getúlio Vargas – os exemplos poderiam se multiplicar por milênios. Mas os supremos artistas e místicos como Gandhi, Martin Luther King, Chagall, Proust sabem que a liberdade é uma metáfora da Verdade, assim como o poeta inglês Keats repetia, semelhante a urna criança que tivesse capturado uma estrela e ela brilhasse agora em suas mãos:

"A thing of beauty is a joy forever. Truth is Beauty and Beauty is Truth" ("Tudo que é belo é uma alegria para sempre. A Verdade é a Beleza e a Beleza é a Verdade").

Tendo profissionalmente desempenhado funções em tribunais, Nejar discerne com rapidez e equilíbrio de que lado está a causa justa: o contato com a fragilidade da justiça dos tribunais humanos chocou-o pelo que ela tem de venalidade, de aproximativo, de errôneo, tantas vezes. Mas essa lacuna, em todos os seus livros – dos mais importantes da literatura escrita em português neste século – reconforta-nos sempre a mesma voz em estruturas diversas: na esfera do amor, no quadrado das relações "des"umanas, no vitral da busca de Deus, no solo que compartilhamos com todos, na campa estreita da Morte que nos colherá quando bem lhe aprouver, sem apelação. Essa fila de atentas sentinelas traz, em cada volume, aportes novos à visão plural de Carlos Nejar.

Seria auspicioso que a reedição desta coletânea de seus versos despertasse no leitor o desejo de complementar sua leitura nos demais livros, cada um regurgitando mais tesouros de conceitos e dizeres, como se a Ética e a Estética se dessem as mãos momentaneamente. *Livro de Silbion*, 1963; *O campeador e o vento*, de 1966; *Canga*, 1971; *Ordenações*, do mesmo ano; *O poço do calabouço*, de 1974; *Árvore do mundo*, 1977; *O chapéu das estações*, de 1978; *Os viventes*, 1979; *Um país o coração*, 1980; *Memórias do porão*, 1985; *A idade da aurora*, 1990; e *Amar, a mais alta constelação*, 1991; e outros mais.

A poesia de Nejar nunca é uma criação esporádica ou bissexta: ele não é jamais um "poeta de ocasião", nem um poeta "à altura de seu tempo" no sentido utilitário de se usar a poesia para fins mesquinhos e perecíveis.

Como o passar do tempo comprova cabalmente, a inspiração poética de Carlos Nejar flui, constante, como um rio que atravessasse idades carregadas de heroísmo, luta, feridas, mas nunca desânimo. Tal o célere e célebre rio de que nos fala o filósofo Heráclito, nunca nele nos banhamos novamente: cada vez suas águas hão de correr, volumosas, rumo a outras paragens, a servir de espelho para outros homens. Assim é a poesia desse gaúcho que estendeu a tenda da pátria por sobre todos os países e agrupamentos humanos existentes na Terra. Compreendeu desde cedo que a situação do homem, seu condicionamento social e temporal, foram sempre os mesmos: diante da Morte, diante da não vida, que é a miséria imposta pelas castas dominantes, usurpadoras da própria floração dessas vidas. Não importa, parece afirmar o poeta universal do Sul. Os sonhos do homem não podem ser abolidos. Os ideais da humanidade avançam, lentamente, mesmo que não sobrevenham os milagres nem seres extraterrestres. Pois, desde cedo, a centelha que iluminou todas as fases desse poeta inspiradíssimo pelos deuses foi a Fé, justificada na palavra como transformadora da condição humana.

Há pouco, durante uma entrevista concedida na Espanha, o escritor insigne do Peru, Mario Vargas Llosa, confessou que chegara, após décadas de fecunda dedicação, ao escrever romances sumamente importantes e comoventes, à conclusão de que "a literatura não faz acontecer". De fato, os livros não são granadas, nem mísseis, nem metralhadoras. Sob esse ângulo, realmente, eles não são uma ação, um gesto que muda as coisas.

Porém, como a poesia contida neste volume comprova de maneira esplêndida, os versos penetram sem pressa na sensibilidade e na apreensão do mundo e da vida, e, quase imperceptivelmente, vão tornando a existência um salto para a metafísica do "estado poético". Aí, sim, a poesia age, soberana e inconteste. E nós, leitores, é que, gratos, nos engrandecemos seguindo o canto do poeta, a mais válida prova de uma transcendência mediada pela palavra.

Léo Gilson Ribeiro

POEMAS

ASSENTADA

Chega a esta casa
sem prazo ou contrato.
Faze de pousada
as salas e quartos.
Os nossos arreios
ninguém os desata
com ódio e receios.

O tempo não sobe
nas suas paredes;
secou como um frio
nos beirais da sede;
calou-se nos mapas,
na plácida aurora,
nos pensos retratos.

Entra nesta casa
que é tua e de todos,
há muito deixada
aberta aos assombros.

Entra nesta casa
tão vasta que é o mundo,
pequena aos enganos,
perdida, encontrada.
Os dias, os anos
são palmos de nada.

SOLTOS DE IMENSIDÃO

Os anos, Elza, já não gravam nada,
porque gravamos nós o tempo todo.
O teu cuidar, faz-me animar o fogo
e cada dia em nós, jamais se apaga.

Provados somos e o provar é um gomo
desta romã partida pelas águas.
Somos o fruto, somos a dentada
e a madureza de ir no mesmo sonho.

Os anos, Elza, não consertam mágoas,
mas as mágoas não correm, se corremos.
Não encanece a luz, onde são remos

da limpa madrugada, os nossos corpos.
Amamos. No existir estamos soltos,
soltos de imensidão entre as palavras.

AOS SENHORES DA OCASIÃO E DA GUERRA

A vós, que me despejastes
nesta loucura sem telhas
e neste chão de desastres,
acaso devo ajoelhar-me
e bendizer as cadeias?

E ser aquele que acata
as ordens e ser aquele,
apaziguado e cordado,
preso às aranhas e às teias.

Levando o *sim* em uma das mãos
e o *não* noutra, rastejante
aos senhores da ocasião
e da guerra. Ser no chão,
o inseto e sua caverna?

Corrente serei
no recuo das águas.
Resina aos frutos do exílio.
Espúrio entre as bodas.
Resíduo.

Até poder elevar-me
com a força de outras asas,
para os meus próprios lugares.

A vós, que me despejastes
nesta loucura sem telhas
e neste chão de desastres,
com a resistência das penas,
aceitarei o combate.

FOSTE

Foste ligado
como um cavalo
no arado.

Foste cavado
como a terra.

Foste jogado,
semente na terra.

Foste arrancado
pelas mãos
que te haviam
plantado.

Foste acorrentado
pelos dentes
que te haviam
sangrado.

Foste delatado
pelos lábios
que te haviam
amado.

Foste mordido
pelas feras
que te haviam
morrido.

Foste apodrecido.

POEMA DA DEVASTAÇÃO

Há uma devastação
nas coisas e nos seres,
como se algum vulcão
abrisse as sobrancelhas
e ali, sobre esse chão,
pousassem as inteiras
angústias, solidões,
passados desesperos
e toda a condição
de homem sem soleira,
ventura tão curta,
punição extrema.

Há uma devastação
nas águas e nos seres;
os peixes, com seus viços,
revolvem-se no umbigo
deste vulcão de escamas.

Há uma devastação
nas plantas e nos seres;

o homem recurvado
com a pálpebra nos joelhos.
As lavas soprarão,
enquanto nós vivermos.

DE COMO A TERRA E O HOMEM SE UNEM

1

Fica a terra, passa o arado,
mas o homem se desgasta;
sangra o campo, pasce o gado,
brota o vento de outro lado
e a semente também brota.

Fica a terra, passa o arado
e o trabalho é o que nos passa,
como nome, como herança;
fica a terra, a noite passa.

A semente nos consome,
mas a terra se desgasta.

2

Que será do novo homem
sobre a terra que vergasta?
Sangra a terra, pasce o gado
e o trabalho é o que nos passa.

Vem o sol e cava a terra;
a semente é como espada.
Há uma noite que nos gera
quando a noite é dissipada.

Vem a noite e cava a terra;
vem a noite, é madrugada.

3

O homem se desgasta,
sopro misturado
ao sopro rijo do arado.
Vai cavando.

Madrugada sai da terra,
como um corpo se entreabre
para o orvalho e para o trigo.

O homem vai cavando,
vai cavando a madrugada.

NAPOLEÃO BONAPARTE

Fui Napoleão Bonaparte: ator
perdido no guerreiro,
estrategista efêmero
de mortos que subiam e desciam
na convulsão da terra.

Fui ator, às vezes general
na roda de batalhas,
o acampamento rude, era
um soldado entre outros.
Um soldado de ignotos
ritos, de uma ordem fatal
que vinha do que os homens
chamam gênio, ou desespero
de ter a forma humana,
embora um fogo o aniquile
e seja o pensamento frio
de ir engendrando deuses
e batalhas.

Pode um ator e personagem,
trocar em surdina seus papéis
e continuar a cena? Imperador
dos reis e prisioneiro dos ingleses
nesta Ilha de Santa Helena?

Uma agonia pertinaz me açula,
uma agonia, esta matilha.
Os mortos querem matar os vivos.
Mas quanto custa morrer.

Um furor de faca sobre
o estômago, um repuxo
de lâmina cortando,
um repuxo de jorros.
Como se gotas de veneno
se grudassem no sangue.
E a febre borbulhante
da agonia, as ervas negras.

A dor era maior que o reino
que tivera ou a vigília
dos tambores, ou Waterloo.
A dor de uma cama a outra.
O quarto, mundo submergindo.
De uma cama a outra.

E os lençóis não murchavam
os quadrantes desta morte
que me arqueava.

Quando a morte viu,
eu nela me deitava.
Principiei a dormir.
Com a minha cara.
E a máscara.

SECARAM O CORPO

Secaram o corpo
que o sangue reveste;
secaram o corpo,
a ideia não secam.

É árida e dura
no cérebro fértil;
secaram os gestos,
a ideia não secam.

É híspida e crua,
de lance inflexível;
a guerra lhe fura
o peito e a figura.

A ideia perdura
no sangue mais pura;
secaram os gestos,
a ideia não secam.

Secaram-lhe os músculos
no cárcere injusto;
secaram-lhe a vida,
secaram-lhe tudo.

A ideia não secam
e brota do mundo.

ESTÃO ENFERRUJADOS

Estão enferrujados
o ferro e a solidão,
o jugo com sua casa,
o medo e a noite vasta,
porém o sonho não.

Estão enferrujadas
a morte e sua aljava,
a faca sob a toca,
porém, o braço não:
quando se ergue, corta.

CONSTRUÇÃO DA NOITE

No casulo há um homem
mas o fundo é o outro lado.
No casulo de seu tempo há um homem,
mas o fundo é o outro lado.
É o casulo onde o homem foi achado,
mas o fundo é o outro lado.
É o terreno onde o homem foi lavrado,
mas o fundo é o outro lado.
É a treva onde o homem foi fechado,
mas o fundo é o outro lado.
É o silêncio de um homem soterrado,
mas o fundo é o outro lado.
Mas o fundo é o outro lado.

É a infância que nasce sobre o morto,
é a infância que cresce sobre o morto,
é o sol que madruga no seu rosto,
é um homem que salta do sol-posto
e convoca outros homens para o sonho
e mistura-se à terra
e mistura-se ao sonho.

E o canto recomeça além do sonho,
além da escuridão, além do lago.
Mas o fundo é o outro lado,

mas o fundo principia sem passado,
sem os montes, sem os barcos, sem o lago.

Tua vida verdadeira é o outro lado.
Tua terra verdadeira é o outro lado.
Tua herança verdadeira é o outro lado.

Tudo cessa.
Tudo cessa,
tudo cessa.
Mas o mundo
é o outro lado
que começa.

PRÓLOGO

Nossos dramas quotidianos
não contam
na milícia dos dias.

Iguais às nuvens,
as noites vêm e vão
num redondel ou tubo.
E os reveses são núcleo.
Qualquer gota
nos filtra.
O extravio
é nossa identidade.
Nosso número.

Tudo sucede
a tudo
e nós, humanos,
não nos sucedemos.
Nos sucedem.
E o sangue
é a cal
do sangue,
sua província.

Só vinga
o que adubamos
com folhas de abandono.

Tábuas de rebelião.
Tábuas de dor,
nós somos.
Tábuas, tábuas
do universo inviável.

Tudo sucede
a tudo.
Sem vestígio.

Insubmissos,
nosso amor remonta
aos astros.
E é o desequilíbrio.

REPÚDIO

Réu de morte,
réu com denodo,
cordel e archote,
desterrai-me.

Infiéis
ao eixo a que pertenceis,
desterrai-me
pelo que deixais
de fazer.

Na fartura e na colheita,
desterrai-me.

Pousastes a mão de ferro
sobre a vida que não herdo,
mas pretendo por direito.

Vosso rosto não mudou,
em si mesmo se fechou,
lacrada urna.

Desterrai-me
pela paz e pela guerra;

sou o sinal que elimina
a vossa parte de fera.

Desterrai-me
com paixão e desespero,
girante em torno do Todo,
como pássaro ao viveiro.

Desterrai-me.

Incomodo a solidão
destes corpos que se dão
para o nada, para o chão,
para o terrível então.

Giro em torno do Todo,
sendo, por isto, mais eu;
tudo o que a morte tolheu,
reverto em pesado ouro.

Sou aquele que cedeu
o melhor de seu tesouro
e mendigo se perdeu
nas próprias coisas que deu.

Desterrai-me.
Giro em torno do Todo,
morcego no breu.
Giro em torno do Todo,
giro em torno do covo,
onde irão enterrar-me.

E usai de precisão
em colocar o tampão,
em colocar-me qual pão
para o consumo do Todo.

Baixai-me, se o quiserdes,
com nojo.
Também na morte,
preciso de vosso engodo.

A UM SOLDADO DESCONHECIDO

O soldado caiu – em que batalha? –
O fuzil, com o corpo sem gatilho,
pólvora no sangue pela boca
insaciada. E de cara
tombou no sábio prado
de sua glória
afinal mais tranquila,
mais calma que a dos vivos
com a medalha sonora
quando é posta
e depois numa caixa,
sem rastilho.

Quem os dados lançou
na toalha amarga?
A glória subjugada jaz
nos dentes do soldado.

ABANDONEI-ME AO VENTO

Abandonei-me ao vento. Quem sou, pode
explicar-te o vento que me invade.
E já perdi o nome ao som da morte,
ganhei um outro, livre, que me sabe

quando me levantar e o corpo solte
seu despojo vão. Em toda a parte
vento há de soprar, onde não cabe
a morte mais. A morte a morte explode.

E os seus fragmentos caem na viração
e o que ela foi na pedra se consome.
Abandonei-me ao vento como um grão.

Sem a opressão dos ganhos, utensílio,
abandonei-me. E assim fiquei conciso,
eterno. Mas o amor guardou meu nome.

DE LONGO CURSO

> Para Elza

Minha alma descansa
na tua alma,
onde a luz jamais
desativada:
é um navio de longo
curso pela água.

Redonda a luz e nós
atracamos na foz
com o fundo calmo.
Em mim te almas
e te amando, eu almo.

OS MEUS SENTIDOS

Um dia vi Deus numa palavra
e luminosa despontava, argila.
E Deus vagueava tudo, aquietava
as numinosas letras, quase em fila.

E depois se banhava nesta ilha
de bosques e bilênios. Clareava
as formigas noctâmbulas da fala.
E nele os meus sentidos se nutriam.

Os meus sentidos eram coelhos ébrios
na verdura de Deus entretecidos.
A palavra empurrava o que era cego,

a palavra luzia nos sentidos.
E Deus nas vistas do menino, roda
e roda nos olhos da palavra.

O HOMEM SEMPRE É MAIS FORTE

I

O vento faz seu caminho
onde o sol desemboca o mar,
onde a terra tarja o vinho,
onde a noite é seu lagar.

O vento faz seu caminho
onde os mortos vão deitar
e a noite move moinho,
move outra noite no mar.

O vento faz seu caminho
e pássaros vão pousar
na floração dos moinhos
que amadurecem o mar.

O vento faz seu caminho
onde há sede de plantar,
onde a semente é destino
que um sulco não pode dar.

II

O homem sempre é mais forte
se a outro homem se aliar;
o arado faz caminho
no seu tempo de cavar.

No mesmo mar que nos leva,
vento nos quer buscar;
que é da terra é do homem,
onde o arado vai brotar.

Por mais que a morte desfaça,
há um homem sempre a lutar;
o vento faz seu caminho
por dentro, no seu pomar.

CONTRA A ESPERANÇA

É preciso esperar contra a esperança.
Esperar, amar, criar
contra a esperança
e depois desesperar a esperança
mas esperar, enquanto
um fio de água, um remo,
peixes existem e sobrevivem
no meio dos litígios;
enquanto bater
a máquina de coser
e o dia dali sair
como um colete novo.

É preciso esperar
por um pouco de vento,
um toque de manhãs.
E não se espera muito.
Só um curto-circuito
na lembrança. Os cabelos,
ninhos de andorinhas
e chuvas. A esperança,
cachorro a correr
sobre o campo
e uma pequena lebre

que a noite
em vão esconde.

O universo é um telhado
com sua calha, tão baixo
e as estrelas, enxame
de abelhas na ponta.

É preciso esperar contra a esperança
e ser a mão pousada
no leme de sua lança.

E o peito da esperança
é não chegar;
seu rosto é sempre mais.
É preciso desesperar
a esperança
como um balde no mar.

Um balde a mais
na esperança
e sobre nós.

NO TRIBUNAL

Eu e o tribunal
e sua fria mudez.
O juiz no centro e no fim,
o rosto girando em mim,
farândola.

Vim, com a escura coragem,
de um réu antigo e selvagem.
O que me prendeu,
lutou comigo e venceu.
Vacilava em me reter,
mas eu que entregava,
por saber que minha chaga
estava exposta na lei.

Giram as mãos
e os pés atados. O juiz
é um vulto que eu mesmo fiz
com meus esboços. O juiz
no centro, no fim,

no tribunal onde vou,
no tribunal donde vim.

E assim me condenei
a permanecer aqui.

GIORDANO BRUNO FALA AOS SEUS JULGADORES

Não é a mim
que condenais.

Nada podeis
roubar-me.
A verdade sofreu
e eu sofri
no grão dos ossos.

A vida não me veio
para mim.
E servirei de vau
a seu moinho.

Não cedo
o que aprendi
com os elementos.

Prefiro o fogo,
à vossa complacência.
E o fogo não remói
o que está vendo.

Abre flancos
no avental
das cinzas esbraseadas.

O fogo
de flamejante língua
e sem coleira:
morde.
E testemunha
sem favor dos anjos.

Não é a mim
que condenais.

A Inquisição
vos fragmentou
e ao vosso juízo.

A ciência toda
é aparência de outra
que nada em nós
como se fora água
do coração.

Eu me fiei
ao universo
e sou janela
de harmonia
indelével.

Não vos julgo.

O que se move
é a história
no caule da fogueira.

Sou de uma raça
que procede do fogo.

Não podereis calar-me.

O MARTÍRIO DE ESTÊVÃO,
O DIÁCONO

Estêvão sabia que ia morrer
naquele dia. Os algozes decidiram.
Vestira o diaconato, junto à morte.
Apenas vão ouvi-lo, suportá-lo,
antes do sacrifício.

Tinha a face de um anjo
e eram pétreos os rostos
dos que o viam. Seus olhos
eram pedras. Se jogavam.

Ia morrer. Sabia.
Radioso, ia resoluto.
Vinham as pedras. Ia
ao encontro
da angular, certeira
pedra viva.

A GENEALOGIA DA PALAVRA

Minha morte começa a amadurecer e depois vou comê-la como uma pera, largando o caroço fora e depois vai vir uma semente com o mesmo nome que vai crescer e amadurecer. Mas já não é minha morte – é surpresa da terra apenas – descendência de uma morte futura.

Depois as gerações perdem de vista a própria morte que aparece como um fio de água no meio das pedras, visível a um e outro profeta.

Mas nada abalará a espécie: a vida também foi vista como um fio de água no meio das pedras. Só que não se podia distinguir os fios e as águas que conversavam entre si, sem preconceito. E até moravam juntos, vez e outra.

Depois minha morte vai amadurecer de novo mas não será da mesma natureza. E aprenderei a falar com o mundo.

E o mundo vai amadurecer como uma pera e depois vai vir uma semente com o mesmo nome. Porém, já serei eterno.

O QUE É DO HOMEM

O que é do homem
ninguém lhe tira.

O rosto gume
dentro do gesto.
Ninguém lhe tira.

O gesto exato
dentro da morte.
Ninguém lhe tira.

A morte sempre
na noite funda
e o viço aceso
de sua luta.

ENTREATO

Testemunhei o desconcerto
meu e de todos;
não escondi o logro.

Se nunca me rendi,
somente desarmei
o que perdi.

Nada retirei
dos arsenais
a não ser
(por meu mal)
este revólver
sem balas,
calibre de horas
padecidas
e um coldre
de ambições.

Sim, muito trabalhei
por natureza e lei.
Medir não aprendi:
a morte, a vida.

Por isso jazo aqui.

INFINDÁVEL SOLO OU A ORDEM DOS PLANETAS

Embora preso ao pampa,
eu sempre fui sem pátria
ou acostumei-me à ingrata

volúpia de ir seguindo.
Não parava na falta.
Parava, onde soía.

Parava de ir partindo.
Tinha casa na alva
sem rede, pelo instinto

de pescador ao eito.
Pôr o espinhel de alma
ou então fisgar o peixe

sem portulano, onde
o dia em nós confunde
as pás de espuma e o rude

repasto das correntes
e a luz é o peixe arfante
e o peixe morde a sede.

E eu morderei o instante
igual a um pão. Me rendo
a cada rio ou monte,

às árvores, ao hálito
do diamante clárido
que no sereno arpeja.

Mas não me rendo à luta,
ou à dissipada urna,
que a noite faz da lua.

Transmudo-me, oscilante.
Não sou eu mesmo nunca,
nem mesmo eu era antes.

Sem pátria e circunspecto,
fui tantos, nenhum gesto
pegava-me no engenho

de construir-me, sendo,
com calças de palavras
e paletós, crepúsculos

que urdem os minúsculos
estatutos da sombra.
Mas construir, nos funda.

E o que me contentava
não vinha da estranheza
ou páramos, das cores

ou suas flores mudas.
Aperfeiçoava as dúvidas
em (g)alas de lembrança.

Aperfeiçoava a vida
nas dádivas e usanças
de cada coisa minha

ou tua ou nos penedos
ou álgida espessura
de ir ardendo. Herdo

a natural brandura
de quem, não tendo pátria,
é pátria o que acompanha:

o penso fecho, a tarde
e os meus sapatos tardos
e os altos olhos secos

e o que caduca e vence
a glória ou em glória geme.
A ordem dos planetas

é pátria. Onde não chega
a viandante instância
deste vagar plangente.

Quem apartar a infância,
pode ser dela, ao menos,
absorto na fragrância

de seus campos amenos?
E é tão restrito o canto
quando da pátria pende

e reticente o verso.
Embora ao pampa preso,
em que pátria sustenho

os teus olhos ulmeiros
e os tordos pensamentos?
Sou pouco, parco e atento.

No muito amar, aprendo
a língua dessa pátria.
Aos pássaros escrevo

no ar: "ó pátria árdua".
Ou "excelsa liberdade"
– segredo para as vastas

afluências da noite.
Ou é fidente flauta,
gracioso tom que sigo.

Sonata de colheitas
e ondulantes juízos.
O meu país é onde.

E é quando não entendo,
ou quando em mim consentem
descansar os viventes,

os pasmados rebanhos.
Pode ter pátria, aquele
que não a põe no tempo?

Ou é pátria, o banimento,
o reluzente pálio
de que a verdura aclara

em soberana estrela?
A ululante máquina,
que se emperrou, girante

onde jamais se achara,
rangente e mais amara?
O enferrujado eixo

de túmida memória?
Acostumado à incauta
volúpia de ir partindo,

onde é país me calo.
Não sou mais forasteiro.
Além de mim, te afago.

Acalmo, palpo, cheiro.
É forasteiro o tempo,
é forasteira a morte.

O meu país é quando
só alcancei, sonhando.
E por te amar, contento,

ali, se resplandece
Vésper e o largo oceano.
E é tanto o que te amo,

que já perdi a fonte
do ar de ir deitando
as águas e os sossegos.

Infindável o solo.
É quando quando quando.
Por onde nunca morro.

O BUFÃO "EL PRIMO" – DOM DIEGO DE ACEDO (VELASQUEZ)

Penúria, penúria, penúria
do homem. O riso –
é a mais forte.
Nenhuma rocha resiste
a esta dor informe
de bufão, entre
os grandes da corte.

Impune e anão, folheia
este livro e resume
no gesto da mão,
o pesadume, o pesadelo
de acordado sono.

Preto o chapéu, preto
se esconde o cognome,
El Primo. O que decifrou
os seus mortos
até o azedume.
E se inteirou
do espetáculo.

O que esgotou
o provado e o sabido.

O que aprendeu,
esquecendo. O que vai
no último espaço.

E há muito está morto.

NOSSA É A MISÉRIA

Nossa é a miséria,
nossa é a inquietação incalculável,
nossa é a ânsia de mar e de naufrágios,
onde nossas raízes se alimentam.

Em vão lutamos
contra os grandes signos.
Seremos sempre
a mesma folhagem
de madrugada ausente.
O mesmo aceno imperceptível
entre a janela e o sonho.
A mesma lágrima
no mesmo rosto vazio.
A mesma frase
dentro dos mesmos olhos
sob a fonte.

Seremos sempre
a mesma dor oculta
nas árvores, no vento.

A mesma humilhação
diante da vida.

A mesma solidão
dentro da noite.

A mesma noite antiga
que separa
a semente do fruto
e amadurece
os lábios para a morte
como um rasto
de silêncio no mar.

LISURA

Entras na morte,
como se entra em casa,
desvestindo a carne,
pondo teus chinelos
e pijama velho.

Entras na morte,
como alguém que parte
para uma viagem:
não se sabe o norte
mas começa agora.

Entras na morte,
sem escuros,
sem punhais ocultos
sob o teu orgulho.

Entras na morte,
limpo
de cuidados breves;
como alguém que dorme
na varanda enorme,
entras na morte.

O CEGO DA GUITARRA
(GOYA)

Cego com os olhos
e morto. Cegos
os ouvidos. Com os olhos
de remota lembrança.
Nariz adunco e morto.
Chapéu entornado
e morto. Sob a capa,
mortalha. Morto
morto morto.

Mas a guitarra
salta, a guitarra
letrada e casta
jorra a alegria
de um povo
em torno.

A guitarra é o cego.
A guitarra é o cego.
A guitarra tem os olhos
acesos.

ENTRE AS CINZAS

Confesso às formigas
as cruas penas e elas
na terra da noite lerda
serão futuras amigas

e confidentes. Meu corpo
poderá falar as ternas
coisas que nos ignoram.
Só falarei com meu corpo,

que a alma estará longe.
E as formigas não precisam
que alma exista. Cotovias
da escuridão, sabidas,

mínimas, deixam suas folhas
no formigueiro. Entre as cinzas,
o pó se encherá de falas.
E minha boca de formigas.

AVENTURA

Aventura humana: a esperança.
Não há outra couraça
ou fortuna.

A mancha de sangue
era a esperança
de que estivesse vivo.
A chegada de uma carta
súbita
rodeada de vento.

Quem cavar o seu muro
saberá que resistimos.

Levanta o rosto, amada.
Levantamos. A esperança
é um cercado de bois.
Depois se alastra.

NICANOR E SEU CAVALO

Nunca vi ninguém olhar
com tal ternura um cavalo
e um cavalo navegar
nos seus olhos, desviá-lo
para dentro, onde é mar
e o mar, apenas cavalo.

Nunca vi ninguém olhar
Nicanor naqueles olhos
que pareciam findar
onde os espaços se foram.
Nicanor sabia olhar
sem o menor intervalo
como lhe fosse apanhar
a toda brida, os andares.

E se podiam falar
num trote pequeno ou largo,
com rédea de muito amparo,
o corpo estando a montar
a eternidade cavalo.

A CHUVA DO VELHO TESTAMENTO

Estou dentro da luz que avança.
Nazim Hikmet

1

Encontrei a alma
na infância.
Fomos juntos crianças.
E podia inventá-la
ou ser alegre ária
na desprumada flauta
do sol.

Encontrei a alma
na infância.
A inocência, arca
da aliança enferrujada
pela chuva do Velho Testamento.
Madurou, envelheceu?
Encontrei-a solúvel,
apressada.
Nem conversamos.
Foi alguém
que muito amei.

E só me levantei,
quando a vi levantada.

2

E me enredei num fio
que não tem fim.

É o começo de Deus
aquele rio.

Não se sabia onde a cabeceira
ou a foz do texto.
Íamos apenas.

3

Deus é vontade
de estar tão perto
que só capina
no amor ou dentro
do pensamento.

O seu semblante
é ser o campo.

Se o distinguimos,
estamos diante
de nosso rosto.

4

Deus não é a palavra *Deus*
e andorinha,
a palavra *andorinha*.

Há um poço
que não entra
na palavra *poço*.

E Deus é tudo isso.

5

Deus era a selva
onde cresci.
A teologia me espiava
pela fresta de uma palavra.

Criei tamanho
e fui medido em plantas,
pedras.

Selva selvagem, Deus
e eu me abeirava
de sua densidade.
E às vezes Deus pousava
numa clareira
sob o dedal do dia.

Caçava borboletas
em Deus.

De fauna e flora
me cobria:
os panos da linguagem.
De fauna e flora, *Deus*.
Margem nenhuma
a separar a identidade.

E a tudo o amor ouvia.
Em toda a parte.

A IDADE

Falou e disse um pássaro,
dois sóis, uma pequena estrela.
Falou para que calássemos
e disse amor, penúria, brevidade.
E disse disse disse
a idade da eternidade.

OS CAVALOS

Os cavalos tinham o ardor de nuvens se empinando.
Vinham, inteiros, no nitrir das tardes, junto às oliveiras.
Meninos em férias, focinhavam dálias. Eram exaltados,
amoráveis e as ervas das crinas mugiam de verdor.
As pálpebras amor baixavam. E às vezes, os cavalos
se riam, a dentuça à mostra. Coçavam-se nas ancas, Com
a ferrugem de sediciosas vespas.
Eternos, quando saltam. Ou descarregam rolos de ares
bêbados. Todo galope é um pássaro.

BUFÃO DOM SEBASTIÃO DE MORRA

(VELASQUEZ)

Duas vezes anão entre
o existido e o ser,
na estatura e nos tocos
de vela das mãos
sob o casaco, embutidos.
Como se subitamente
pudessem descer num desvão
ou fenecer. E a memória
nada mais recordasse.

Viver era carregar frações
de esquecimento, os capítulos
de lucidez demasiada, a dúbia
e monstruosa natureza.

Tantas vezes bufão, quanto
seu rosto é abismo, quanto
dançava perante o monarca
silente, quanto dançava
a agonia de um animal
esfaqueado na tarde

e vazando com as cargas
ao dia seguinte.

Bufão sempre do dia seguinte,
da seguinte esperança,
da hora, do alento
que teimava em vir.
E o frenético riso
de palavras não pertencentes
à ordem, reino, alfabética
mansão dos dicionários.

E até as solas dos sapatos
expostas, a sola das humanas
devastações, a sola do desastre
anunciado entre os vivos,
as solas de outro pai esvoaçante,
onde cabem seus pés bufões
da eternidade.

CLARA ONDA

Este amor em meadas e triciclos
que nunca se divide, confluindo
e torna noite este sapato findo
e o firmamento, silencioso ciclo.

Este amor em meadas, infinito.
Em meadas de orvalho, desavindo,
em meadas e quedas, rugas, trincos
e rusgas, trinos, pios e sóis contritos.

Este amor me retece e configura.
Tem pressa de crescer, fogo calado.
Apenas queima, quando não se apura.

Parece interminável, quando tomba.
E só se apura, quando despertado.
Dissolvido me solve em clara onda.

FAMÍLIA

Nossa família: as estações.
Nada sobra
do que julgam ser
as propriedades.

O corpo, a alma,
apenas usufruto.
Também os meus deveres.

Só o amor é nosso.
E o soluço.

CANTATA EM RODAS PLUMAS

O amor armou a clava
da tarde e seu alarme.
Quer, albatroz, levar-me
onde alcançam suas asas.

Vem, ditoso, acordar-me.
Quer nos levar nas rodas
das plumas e avalanches.
Nós chegaremos antes

com jubilosas almas,
que se absorvem, alvas
e salvas, nos redutos.
De céu a céu, conceitos

são cinzas e ferrugem.
E os que se amam, pungem
de amar, e mais amando
em gozo, em gozo, em bombo

ou nos vestígios, nuvens;
nos elos desta lava.
Em mais amor solvemos
o que se faz pequeno.

E humano: abismo, abismo.

REDONDEL

O coração se acrescenta
ao coração se acrescenta
a outro e senta sob a árvore
– tudo tão nuvem entre
um coração e outro –
redondos os sins, os vãos,
a noite na concha
do coração, o pampa
e os corações sentados
e um coração voando.

Mudando, tudo é possível
recomeçar.

CLARIDADE

O barulho de existir:
um cão
dentro de mim.

Atravesso
como a um pátio
o barulho de existir.

AOS AMIGOS E INIMIGOS

De amigos e inimigos
fui servido,
agora estamos unidos,
atrelados ao degredo.

Nunca fui o escolhido
onde os deuses me puseram.
Nem sou deles, sou de mim
e dos íntimos infernos.

Não.
Não me entreguem aos mortos,
os filhos que me pariram
e plasmei com meus remorsos
no seu mágico convívio.

De amigos e inimigos
fui servido
e com tão finada vida
e alegados motivos,
que ao dar por eles, já partira
e quando dei por mim, não estava vivo.

DISCIPLINA

Ordenar a morte,
pôr os objetos
da sobrevivência,
onde o amor é sólido,
prateleira acesa.

Ordenar a morte,
ruflando-a, coesa,
contra o sul, o norte
e outras redondezas,
ruflando-a, ruflando-a
e que nada sobre
de seu rude golpe,
salvo referências.

Ordenar a morte
e aceitá-la, nesga
a nesga, vala,
descuidada telha,
chuva que não tarda.

Ordenhar a morte,
desanimá-la,
comprimir as tetas
de sua treva.

Corça sob a seta,
sim, desanimá-la,
que ela em nós se esgote,
mesmo quando cresça.

Ordenar a morte.

PÚBLIO ORÉGANO, DITADOR

Não fui eleito.
Fui posto. Entrei.
Tenho o poder,
a solitária posse,
a devoluta noite.

Reúno o ministério
de silêncio e febre.
E cada dia tomba
mais compacto
sobre o meu governo.

Terei acaso algum?
E como decidir,
sem ouvir o coração
geral que bate? Bate.
Tal o relógio pendular,
arcaico, com seus
ponteiros sáfaros.
E os olhos fixantes,
ressonantes.

E não posso sair
deste palácio.
A não ser sob
a guarda (in)civil,
a tropa, a torpe
pólvora.

E recordo quando
caminhava na rua
e conheci o amor
impressentido.
O rosto, sabia,
do meu povo.
O escondido vinho.

Agora o desespero
de avistá-lo,
o medo. O poder
é o pânico
de ir representando
com a plateia incômoda,
gritante, contrariada.

E a militante vaia,
a quem usurpa a cena,
que era de outro.

Sou democrata: apenas
para os meus direitos
verdes, convincentes.

A dor não me corrompe.
E o calo dos grilhões
de haver um povo
tão distante.

Honro os meus azuis
deveres, sobrepostos.
Audiências calejadas.
E ainda tenho a ver-me
com os vermes que pretendem
governar-me. E os cúmplices
vorazes e cordatos. E os outros
mais corteses, cordéis
beneficiários. A corte
é doce, quando o povo
dorme. Ao acordar,
minha consciência treme.
Circula. O pesadelo.

E a quem legarei o paletó?
Ou as calças de um governo
suburbano? A caneta, onde
escrevi no pó, decretos
soberanos?

A quem legarei
os meus sapatos?

O governante
é um estado de ninguém.
O povo. O que é o povo?

Adiarei o poder
até mais tarde.
Até apodrecer.

COISAS, COISAS

A despeito do amor,
as coisas todas
se fizeram ao mar.
Não quis retê-las.
Não conheci regresso.
Coisas, coisas
vos amei por excesso.
E o universo
me foi alto preço.

Todos os bens
vendidos em leilão.
O ar vendido.
Os rios.
As estações.

Comprei arrobas de chuva
ao meu pomar.
Trouxe neblina
de arrasto
pela morte.

Comprei a noite
e dei o menor lance
ao horizonte.

Coisas, coisas
vos amei por excesso.

PAI

1

Pai das Cinco Repúblicas,
deitaste
com a camisa emprestada,
o dia emprestado,
o enterro, a morte,
até a morte emprestada.

Quando alcançarás
tua morte possuída,
a Morte Simón
Vento Bolívar?

2

A Morte é um camelo negro
que se ajoelhou em tua porta.
Ou é o cavalo da batalha
que montavas devotado.

E agora, agora mortalha.

TALVEZ

Talvez o universo não exista.
Seja apenas a sombra fugitiva
da ideia de universo; ou talvez
seja a perdida infância, o clarão
de alguma inteligência subitânea.
Sim, talvez não exista. Seja um medo
de haver mais testemunhos, relações,
afetos exteriores ou temidos,
ou mero espectador de algum incêndio
havido e não sabido ou antecipado
para que reste cinza, cinza e vão.

Ou nada reste de um sistema,
uma harmonia cósmica, o pavor
de alguém nos assistir, estando ausente.
Não existe universo, nem o dia
ou a noite. Nós inventamos tudo,
inventamos a nós mesmos
e esquecemos a fórmula, o entrecho,
inventando o esquecimento.
Ou é invenção o pensamento,
uma argúcia engendrada pelos deuses
de se engendrarem juntos, nos pensando.
Ou o universo seja apenas quando
cessarmos de existir, desentocando

o mistério maior, aquele plasma
que rege a potestade, ou a forma insone
de se viver, morrido, com o corpo
exilado num outro. O universo
se compõe, se dormimos. Ele existe.
Sobrevive tangível quando amamos
ou tontos despertamos. O universo
perturba, ferve, nos corrói. E assoma.
Continuará depois que sepultarmos
essa continuação, toda a vontade
e a matéria restrita ou desatenta.

E talvez o universo nos inventa.

ERA UMA CASA

O inferno era uma casa vazia
de um outro lado do rio.
Era uma casa vazia.
Era uma casa vazia
num horizonte vazio.

Longe o rio
desnudo
como um morto.
Que saudades eu tenho
de ser porto!
O rio
estava enxuto
e sem estrelas
como um homem
que espera
surpreendê-las.

E as ruas tão amargas,
sem pálpebras
nem mãos.

E as sombras
brancas e alongadas
nasceram num país sem estação.

A vida há de chegar.
Eu vi a vida.
Quando a quis abraçar
foi consumida.

A noite vai descer.
Eu vi a noite.
Quando a fui receber
ficou distante.

O tempo há de tombar
violentamente
como um corpo jogado
na corrente.

E o mar irá deitar-se
ternamente
vendo o sonho do sol
anoitecendo.

Preciso debruçar-me sobre as coisas
para encontrar a fonte que buscava.
Não tenho onde pousar o meu cansaço,
não tenho onde largar a solidão.

Silbion, Silbion,
o inferno se alimenta

de nosso ser oculto.
Quem gostou das raízes,
não desgostou dos frutos.

Silbion, Silbion,
inferno é ter nascido.
Inferno é ter vivido como as plantas.
Inferno é desfolhar-se lentamente
sem saber onde estamos.

Inferno é ser a terra
em que os vermes e os anjos
se enroscam e consomem.
Inferno é ter nascido,
inferno é ser Homem.

(*Livro de Silbion*, 63)

HOMENS ERAM SOMBRIOS

Os homens eram sombrios,
esfinges de solidão.

Os homens eram sombrios.
Quiseram tecer de sonhos
a água verde dos rios.

Os homens eram amargos.
Quiseram compor o cisne
nas águas verdes dos lagos.

Os homens eram ardentes
como tochas de amaranto.
Sobre o rosto do poente
deixaram rosas de pranto.

Eram terríveis, terríveis.
Contra o céu do esquecimento
lançavam gumes de fogo
e adormeciam no vento.

Os homens eram de vento
(de um vento predestinado).
Braços de ferro no tempo
entre o presente e o passado.

Os homens eram ferozes
como estrelas de ambição.
Mas no tempo primavera,
se primavera chegasse,
eram brandos como espuma,
eram virgens como espada,
eram suaves, suaves
como aves de abandono.

Os homens eram de estrela
soprando sobre o canal.
Não era estrela de noite
mas estrela de metal.

Os homens eram de estrela
e não podiam sustê-la.

Os homens eram de treva,
fizeram-se escravos dela.

Os homens eram remotos
no grande túnel de pedra.

Nem alga, nem alfazemas,
nem junco nem girassol.

Floração ali não medra
longe da terra do sol.

Floração ali não medra.
Tudo o que nasce é de pedra.

O homem nasceu do vento,
mas sepultou-se na pedra.

O tempo nasceu do homem,
mas o homem não é pedra.

O tempo formou-se pedra
na eternidade de pedra.

Um sol compreendeu o homem;
era fogoso e de pedra.

Menino não como os outros,
menino feito de pedra.

Braços, só braços e mãos
na madrugada de pedra.

Os homens donde vieram
com seu destino de pedra?

Que procuravam os homens
na eternidade de pedra?

Eram hálitos de aurora,
luz florescendo caverna?
Eram só pedra.

Talvez fonte, vento-vento,
folhagem sobre montanha,
cintilações, pensamento?
Eram só pedra.

Talvez crianças-relâmpagos,
paredes de som, cantigas?
Eram só pedra.

Rostos ocultos no sono,
barcos de ânsia, velame?
Eram só pedra.

Talvez carícia, sossego,
desejo de despertar?
Eram só pedra de pedra.
Os deuses eram de pedra,
os homens eram de pedra
na eternidade de pedra.

Pedra de aurora, mas pedra.
Os homens eram pedras.

Lábios de pedra, mas pedra.
Os homens eram pedras.

Ventre de pedra, mas pedra.
Os homens eram pedras.

Noite de pedra, mas pedra.
Os homens eram pedras,
os homens eram pedras.
Os homens eram as pedras.

Eram as pedras, as pedras.
Eram as pedras.

VASO

O mundo estava na infância
O vento desenrolava
sua paciente fábula
O vento velho cachorro
lambia o quadril do sono
Pé de pilão nossa sombra
junto à sombra da palavra
O mundo não é candeia
nem vaso de flor a alma

LAÇOS

Não tenho parentes
tenho filhos
de amar o mundo

Sou um rio
entre o boi do chão
e as estrelas

Não estou só
o sangue secou
sou um companheiro
que partiu

CANTATA AO PAVIO
DAS ÁGUAS

Não me confino à morte,
ao que morrendo, mata.
O corpo só repousa

na alma sossegada.
Há que reter as águas
que descem pelas coisas?

O que é precário e falto,
apara as poucas datas.
E, amada, os olhos trago

nas afiadas mágoas
e sem (p)avio, as águas
pelos meus quedos olhos.

Como se o tempo nada
fiasse na palavra.
E nada em nada, aos molhos,

fossem mudando os olhos
pela morte parada.
Viver é o que nos toca.

RELÂMPAGO

Não nasci
num relâmpago
nasci
quando as palavras
caminhavam

O PAMPA E EU

Nada a morte empresta,
nada, salvo a si mesma.
Aborrecida, sem pressa.
E não se aplaca. A beleza
sepultada, é que se adensa.
Nem rendas a morte estende
aos filhos de sua promessa.
Nivela mais do que empresta.
Cobra bem mais do que vende.
Devolve o rico ao indigente
pela morte, o capital
roubado por baixo, rente
e por cima, com o pedal
de subalternos clientes.
Devolve com o mesmo aval
ou apólices, sob o verde.
E ambos contraparentes,
unidos no mesmo forro
vegetal, fazem, inermes,
o que não fizeram, vivos,
na transação com os vermes
ou quites, por bem ou mal,
suprem cheques de raízes
na seiva do cafezal.
Ou são bornal de sementes

os mortos, juntos ao bico
de andorinhas no varal.
Porém, com o pampa eu fico.
Na gula não habitual
dos arrozais com seu texto
de água irrigada, eu fico.
Embora seja cristal
numa redoma de trigo
com a terra na morte,
eu fico. Nos cavalos
que andam silvos,
sibilantes sobre o prado,
plúmeo, vergado eu fico.
E quando eu e o cavalo
nos completarmos no trote
e a crina do ar se corte,
pelas bridas então fico.
No coice da estrela-d'alva,
ao amanhecer com as vinhas,
eu fico. A morte é sozinha,
por vezes, adolescente.
Mas o pampa sabe sempre,
com presteza o que ela sente.
E a sós ficarei com ela.
Nenhuma morte é maior
que a terra dentro da gente.

RESGUARDO

As coisas se resguardam
de nossa cortesia,
urdimos o contorno
e elas se esquivam frias.

Tão ávidas de engano,
ao mesmo tempo, esguias,
são damas que têm dono
em quem as tripudia.

As coisas se resguardam
de nossa cortesia;
no seu recesso puro
o amado ali porfia.

É melhor não trazê-las
como damas cativas:
a posse é o desamparo
de quem nelas confia.

GAZEL DO UNIVERSO COMEÇANDO

O arado
com o trigo
vai rodar.

Irei, irás
com os cabelos
rodando.

O céu irá
rodar
no colo plúmeo
das espigas.

Seguirás
com as colinas
e os plátanos
rodando.

O mundo
é a tua mão
desprevenida.

Vai rodando
a alma
no teu corpo,
o feno dos meses,
tuas tranças.

Irei, irás
onde reluz
de outro limite
o mar.

E o universo todo
é o começo
de estar contigo.

SABEDORIA

Nossa sabedoria é a dos rios.
Não temos outra.
Persistir. Ir com os rios,
onda a onda.

Os peixes cruzarão nossos rostos vazios.
Intactos passaremos sob a correnteza
feita por nós e o nosso desespero.
Passaremos límpidos.

E nos moveremos,
rio dentro do rio,
corpo dentro do corpo,
como antigos veleiros.

GAZEL DE TEU PARAÍSO

Não quero esta maçã branca,
quero a outra que me dás.
Não quero a maçã da sombra
que apenas na sombra jaz.
A intemporã, colhida
com orvalho em cima da paz.
A perto das madressilvas
e de tão apetecida,
é cada vez mais veraz.
A maçã de cotovia
de tua fala, a maçã
das pernas mansas e esguias
e a do sexo, talismã
de outra maçã sombria
no paraíso do chão.

Quando, amada, te avizinhas,
todo o teu corpo é maçã.
Os seios, maçãs cativas
e os pés selvagens, as mãos
que alongas, a casca fina
das celestes estações.

E quando a maçã se inclina,
o inverno se faz verão.

E se adormeces, menina,
o sono é maçã. Depois
pelo caroço do tempo
a morte se recompôs,
mas não há morte no gosto,
não há morte junto ao pelo
de maçãs. Nunca mais veio
a morte quando te amo,
se em morte me precavenho
de maçãs pelos teus ramos.

O ETERNO RETORNO

A faca na cinta, inerte,
de Abel. E Caim rugia.
Com o desafio investia
e o dia imóvel no fio

da faca de Abel. O dia
no aço lampiou. Caim
levanta o brilho e no fim
do movimento aparava

a mão de Abel. Calafrio
dos ossos. Faca na faca.
E apenas Caim odiava
o que em Abel era amor.

A cada toque da faca,
Abel se exauria. O pampa
maior que os dois. E se armava,
Abel se almava. E o dia

sua lâmina fechava.

AFLUENTES

Eram os executados.
Os dias entumesciam
e como frutos caíam.

Eram os executados
sem o título ou família
sem o tempo, sem o espaço
que de viver lhes cabia.

Percebi o vário rosto.
Percebi que eles baixavam
e suas penas subiam.
A voz ninguém divisava,
a senha não existia.

Eram os executados.
Quando? Como? Quem sabia?
O mundo já os viu deitados,
agora o mundo os erguia.

Executados por fardo?
No leito da amada, um dia?
Por algum golpe de estado?

Numa conversa ou litígio?
Numa batalha? Ou na esquina?

Eram os executados
que desde sempre partiram
e desde sempre chegavam.

A BATIDA DO SINO

A batida do sino,
a batida da noite.
Não sei se persigo
a batida do sino.

O meu corpo no teu:
a sacada do sino.

O meu corpo no teu,
sempre a bordo, estibordo,
a batida do gongo.

O meu corpo no teu,
clarinete tocando.

Na fachada da lei
a batida do corpo.

O rei morto, rei posto
no badalo do osso.

A batida do sino,
o revoo do pacto
no sangue. O rebordo.

A batida do cão,
o seu casco de fogo.

A batida do cão,
o reino partilhado.

Na seteira do sino,
o amor redimido.

A batida do cão,
a cancela do sino.

LIMITE

Meus mortos, somos ligados
ao mesmo monte.
Porém, o que nos separa
é o estar adiante.

Não vos atinjo
e esta distância
é que me torna cativo.

Há um invólucro apenas
a ser quebrado.
Meus mortos,
há um invólucro apenas
e os sonhos vastos.

QUITAÇÃO

Mundo, mundo
a quitação que sou
ou não sou,
não te pertence.
E vou ao fundo
do que me vence.

Vou ao fundo
até do senso,
do extenso rumor.

Opção não faço,
nem tenho.
Optar entre viver
no muro
e morrer em paz,
optar entre mim e ti
e talvez não
poder optar.

Recuso-me, portanto.

Recuso recuso
apesar do pranto,
apesar do uso,

apesar do mar,
recuso-me a estar
e não estar.

Vou ao fundo
do mortal.
O efêmero rói
nosso avental.
Vou ao fundo
sem chegar,
em galope.
Vou ao fundo
de teu corpo
como um tiro
de revólver.

Quitação não dou
nem à vida e seu desforço.
Nem a nada.
Quitação do amor.
Quitação do medo.

Quitação não dou.

ENTRE VOZES, ESCREVO AMÉRICA

Em quem devo amparar-me?

As manhãs soavam
no trombone o peito
e o bordão da infância
guiava o velho tempo

A casa amarela
tinha tantas vozes
casa de meu pai

A Corte Real soprava
na boca de sombras e viventes

Terias trinta anos
mas quantos anos tens
na eternidade?

As vozes zuniam
na mesa familiar

Nenhum muro continha
aquelas vozes

Curiós furavam o chapéu
das infantis conspirações

As lembranças na calçada
com a sola das sandálias
empinadas
martelos e pandorgas

Minha irmã morta
estalava em madressilvas

Chorávamos meninos
não sabíamos
chorávamos
não sabíamos ainda
onde pairava a vida

E minha irmã sumia
aos poucos
na terra certa
a água
numa cesta

a água do corpo
noutro corpo

entre os dedos
sumia
agulha de água

Com as vozes cheirando
a erva-doce
o céu cheirando a água

Não há purificação
mas agonia

Os anjos em nós
não se refazem

Novelos de linha na dor
A água sumia

A cadeira de balanço

Caixas de botões

O pátio sujo o calabouço
fedendo a dor e urina

O alfabeto braile

Juntos América
chorávamos
pelos séculos.

O SELO DOS DIAS

Dias virão, dias virão
a golpes secos
de potros
no chão.

Não sei se já nasceram,
não sei onde se encontram
os dias
que amo tanto.

(No cano de um fuzil
ou no cano do espanto.)

Dias virão, virão,
lobos de aragem
e a todos morderão
com sua liberdade.

Que pássaros se aplumam
nas penas desses pássaros?
Serão dias saltando

aos ombros
de outros ombros,
até onde houver ombros,
irão dias brotando.

PARCERIA

Dor geral,
donde fluis
a reunir
madeira, seixos,
luta?

Por que
não te interrompes
na república?

Há muito compreendi
quanto eras avulsa.
Há muito compreendi
por ter perdido bens,
números, sinais.
A argila de família.

Vislumbrei
teu rosto coletivo
na rua,
no edifício de seguros.

E vi que tua língua natal
tornava-se sutil,

a pronúncia caía
nos caminhos.

Insone me seguiste
ao quarto de dormir.
O mesmo leito
partilhamos.
Aos poucos
me tiravas o proveito,
o soldo.

Dor geral,
território soberano.

TODAS AS MINHAS RAÍZES

Todas as minhas raízes
estão contigo.

Que a fome, a sede
se renovem.
E sejamos tão antigos
no amor e novos
junto aos meses.
Sim, o pátio dos meses.

O ar já não pousa
sobre as coisas humanas.
O fusível do ar.

O que está morto
está morto
está morto.
Mas todas as minhas raízes
estão contigo.

As flores que nunca morrem,
são essas que em ti se movem.

Todas as minhas raízes,
as minhas raízes.
Até as mais aéreas.

O VENTO COM SEU CAVALO

I

O vento com seu cavalo
rompe a epiderme do susto
retesando os duros músculos,
avança com o sol ao meio.

Rasga o relincho no valo
e vai seguindo o roteiro,
maduro de campos claros
e horizontes escuros.

A tarde segue o cavalo
e o casco do sol percute,
bigorna de rubro talo
com seu ferreiro de rumos.

Bate as esporas no malho,
as crinas e as asas duplas,
acesas e resolutas,
desdobram sombra e cavalo.

Qual o vento e o cavaleiro?
Rio de oliveiras se fende

penetrando o desamparo
das andorinhas no pelo.

Qual o vento e o cavaleiro?
Batem esporas na tarde
e a tarde, maçã suspensa,
fica tremendo na haste.

Sobe a garupa da ponte,
o vento e seu cavaleiro,
rangem esporas no ventre
e o sol irrompe no centro.

II

O Campeador está solto
sobre a campina do ar,
estica as rédeas e a trilha
das roças. Férreo metal

ressoa nas mãos e o potro
distende as sombras e vai.
Para onde? Para o encontro
entre o jugo e seu punhal.

Golpeia o corpo no lance
e avança, férreo animal;
a noite por mais que avance,
no coice do sol se esvai.

AQUI FICAM AS COISAS

Aqui ficam as coisas.

Amar é a mais alta constelação.

Os sapatos sem dono
tripulando
na correnteza-espaço
em que deitamos.

As minhas mãos telhado
no teu rosto de pombas.

Os corpos circulando
na varanda dos braços.

É a mais alta constelação.

OS FUZILADOS DE GOYA

Morremos
mas não abrimos mão
do que sonhando,
é mais do que estar vivo,
é ter vivido
o último percalço
do equilíbrio.

Os homens não toleram
a consciência, nem
se toleram como feras.
E se à luz não se apegam,
são mais tristes, duros,
solitários. Gorjeando
contra o frio, os ledos
ossos.

Morremos. Onde é alma,
sobrevive. E toda a eternidade
é ver o instante
que as armas nos apontam
com seu fogo.

E mais que a pontaria,
o grito enorme,

como flores caladas
junto aos olhos.
São pálpebras que falam
o seu ódio.

O pelotão explode
e nós olhamos na cara
o vosso susto, a morte
que nos dais, o sonho
florescendo igual a um campo,
onde fuzis plantados,
se levantam.

E esta porta
aberta
sobre a morte.

O NOME

Comemos
a laranja do nome
o miolo do nome.
As crostas
aos pássaros.

Longe toava
o quadrante do nome.
O relógio de bolso
do nome.

Mágico. Burro capital
sobre a folhagem.

Vivemos
com a pólvora do nome.
Matamos, ferimos, oxidamos
com a lâmina do nome.
Do abdômen do nome
fluía o sangue do nome.
O processo do nome.
A infâmia do nome.
A nênia.

Escondemos na manga do nome
escusas, coelhos, cartas, pulgas.
Depois tocamos o bandolim
do nome.
O fantasma do beco do nome.
O beco.

Alta alta
a teia das esferas.
Labirinto do nome:
nos perdemos.
Numa cova do nome,
tenda ou senda,
renascemos.

Os amantes se deitam
na leira do nome.
Os amantes se aceitam
no bico do nome.

Frequentamos
a seita do nome.
Os irmãos se cumprimentam
pelo aperto secreto do nome.

Tudo jorra
no córrego do nome.
Juízo inicial,
a escova do nome,
a lascívia do nome.
Juízo final,
a trombeta do nome.

Acórdão celestial do nome.

CONSIDERAÇÕES À BEIRA DO CAFÉ

Estou para inquirir, mas não pretendo;
pois de tanto inquirir, a morte vem
no que eu esqueço.

Chega de inquirições em massa.
Vou beber o café,
antes que levem a taça,
por deixá-lo esfriar no pensamento.

Vou beber o café mais quotidiano,
o café da conversa
à beira do "sim" e do "não",
o café da trapaça,
à beira do rio sem aroma ou cor,
em que mergulhados, devemos
transpor ou secar.

Sim, não tenho antepassados
na chuva dos séculos,
nem, por acaso, na Penha.
Sou meu próprio ancestral
na montra de hoje,
casado por vocação,
com parceria
em tudo o que existe,

porque existir
é minha casa de móveis.

E todos sabem o motivo
de eu ainda estar vivo.
A inquirição. E se houver,
não terá começo, nem fim.
Será feita sem mim.

Será feita: é a ordem oficial,
pacífica. Será feita
na praça, no patíbulo,
na forca.
Na morta.

Depois pensem no bem da república,
no bem dos que se foram
para as regiões úmidas
prestar compromisso de esquecer.

Bebo o café. É tão precário
o sabor do esquecimento
que se mistura ao tempo,
ou sem ele; é tão precário
que o engolimos, com o café,
até a náusea, o aborto.

BEM-AVENTURANÇAS

Bem-aventurados os pássaros,
as nuvens, as madrugadas.

Bem-aventurados são os pássaros.
Para eles, todos os dias
são todos os dias.
Reais, antigos, tutelares.

Nós, coitados, não sabemos
o que fazer deles.
Queremos os dias limpos,
arrumados com cadeiras.

Felizes os pássaros.
O mar é um animal feliz
e as coisas imaginadas
ali existem.

Bem-aventurados são os pássaros:
não pensam em liberdade
porque voam nela
sem idade.
Nós, coitados,
nem sabemos
que fazer dela.

A nós, o cisco,
o mar baixo.
Arriadas velas,
as ações com elas,
os pensamentos arriados.

Jamais o ir adiante
até onde
a resistência manda
que se ande,
até onde perca
seu comando
e vá seguindo
quando
for chegando.

Bem-aventurados os pássaros.

CICLO

O mundo recomeça
no quintal do ombro,
no convênio do ombro,
no pampa do ombro,
na janela do ombro,
na porteira do ombro,
nos jorros do ombro.

Na ombridade do ombro.

ELISA MARGARIDA

Elisa, mãe das plantas
e as ervinhas,
tomates e alfaces rejubilam
em tua horta,
onde Deus é oliveira
de ardentes maravilhas.

E sabes, mãe da noite,
cuidar desta vigília
em que cabem estrelas,
trigo, ervilhas,
o lençol estendido
sobre a cama
mais límpido
que a constelação
de Andrômeda.

Nomeias as coisas
novamente
com tuas mãos maduras
e pacientes.

E todas se ativam
no avental
dos diários deveres.

A cozinha mais fraterna
que a terra, onde os aromas
e os gostos se consumam
na tua alegria de reunir, acalmar
junto ao ázimo do pão, o cozinhar
do forno entre tijolos
e o cheiro forte forte
da manhã.

Nomeias as coisas,
tecelã
e não há reduções
na eternidade.
Toda a teologia
é um prato sossegado
perto ao fogão
de lenha crepitando.
As metafísicas ciscam
no quintal e são outras
as que deixam os ovos
tão cordiais sobre um canto
de palha ou de silêncio.

Apascentas o mundo
como se não houvesse nenhum
ou os planetas girassem
todos eles
no fundo sideral
de teu pomar.

Que morte é esta, mãe:
ó de casa! ó de casa!
Não há morte

a quem se acostumou
com ela pela horta.
O que mudou
foi a aparência
de estares
com tuas coisas
mais para dentro,
para dentro.

Dentro.

Mãe de tua morte.

DA REFEIÇÃO ASSÍDUA

Indigesto, escafandro de pompas alheias,
o sortilégio é trincar, com o garfo,
as esperanças e as altas estrelas
e devorar devorar devorar
os contornos da morte.

Comida diuturna, carnívora,
exigência ancestral de vassalagem,
trazendo o que sou pela mão
e o ente subjugado na matéria.

Acossado pelos convivas
desta refeição assídua,
cumpro a liturgia contrafeita
de assentar-se e levantar,
igual a quem viaja e torna
ao mesmo lugar.

Para que inquirir
a serventia das coisas?
Amantar-se em cobertores e ócios?
Encarcerar-se na rotação da vida?
O que importa é digerir a argila
de onde viemos.

Quem viceja, entre talheres,
a postura, a sóbria altura
dos sonhos?

Acossado, farto
e nunca farto,
rumino o abismo no prato.

CANTATA AOS RELÓGIOS-OLHOS

Relógio que nos olha.
Por entre pombos, jorra
pelos olhos-relógios

das mãos que se consolam.
Quando te vi, as horas
podiam escutar-me.

Amada, nunca choras
mais que os cílios fecundos,
junto aos olhos do sono.

E quantas vezes somos
dois ponteiros-relâmpagos
nos arcos do oceano?

Arcos de Deus, arcanos
em horas que confundo.
Relógios de murmúrios

e prados de ir morrendo.
Amada, à porta bato
como um relógio e entro.

O DEPOIMENTO

Atendei ao pregão,
deixai vossos interesses
e desconcertos à porta
do tribunal. O que for,
recebo. A dor
é fugir do enredo
que algum deus tramou.

Testemunhai a respeito
deste comboio sem leito,
onde parimos o amor,
desta bagagem que somos,
sem dono ou carregador.

Testemunhai a respeito
do vagão de passageiros
desvencilhado do trem,
onde apertados seguimos
desesperados e firmes,
desconhecendo o que vem.

Testemunhai a respeito
da desconfiança que pomos
em todos os nossos feitos

e como suspeitos somos
de rapinagem e crime.

Testemunhai a respeito,
soldados sem vestidura,
expulsos do regimento.

Testemunhai a respeito
do que somos, do que sois,
neste tribunal sem tempo,
diante do julgador.

E eu, réu,
recebo o que for.

FIGURANTES

Palavras me brincavam de criança,
por mim escorregavam turbulentas
e saltavam libertas da placenta
como ancestrais na sua dor ou dança.

Palavras eram vespas e besouros,
anjos eram, depois trigais intensos.
Palavras tomo: alfaces e repolhos
com suas plumas vegetais, alentos.

E as vogais modorrentas, as consoantes
de cama e de farnel, as ilibadas
donzelas, damas, servas, muito antes

de alegres respirarem. Calejadas.
Palavras alvas, doidas. Figurantes.
A mesma cena mas alguém se salva.

À ESPREITA

Não tragam a esperança.
Quantos séculos
para brotar um cêntimo,
um milésimo de homem.

Nem o curso dos ossos
reverdece
a penúria da espera.

Não a tragam. Conservem
os sentidos à espreita.
Como um cego.

FORMOSO É O FOGO

Formoso é o fogo e o rosto
da amada junto a ele.
No lume de seu corpo
tudo em redor clareia.

Depois o que era fogo,
é espuma que se alteia.
E o mundo se faz novo
nas curvas da centelha.

Já não existe esboço,
mas desenhos, e teimam
– unos e justapostos.

Já não existe corpo:
são almas que se queimam
no amor de um mesmo sopro.

SE PERGUNTAS

I

Se perguntas onde fui,
devo dizer: o mar.
Estive sempre ali,
mesmo estando a mudar.

Foi ali que escrevi
tua pele, teu suor.
Ao tempo, seus faróis.
Não mudei de mudar.

II

O que mudou em mim,
senão andar mudando
sem nunca mais mudar?

Quem mudará em mim,
se não sei mudar?

III

Ou me mudei. Sou outro.
Outra ventura, outra

virtude, cadência,
remota criatura.

Então que se apresente.
Seja tenaz, plausível
esse rosto invisível
e áspero.

Mudei. Soprava o mar.
Mudei de não mudar.

OS AMANTES SE GUARDAM

Os amantes se guardam,
se protegem
dos ruídos da noite
e de tão breves,
tornam eterno
o que entretecem
sob o lençol dos hábitos
terrestres.

Os amantes se perdem
e se encontram
no ciclo das marés,
no informe espelho
dos seres.

Como vê-los
distantes de paixão,
se cada instante
para eles serve
de eixo e rotação?

E se conservam
perenes:
a água, o solo,
o grão.

Iguais ao movimento
das estrelas.

ENTRE AS COISAS

Vivemos entre as coisas
como entre cavalos, rãs.
Nossa indigência transparece
lenta com as mangueiras.

Uma inacreditável ciência
nos avassala
para crer, criando.

A dor nos cruza:
que sabemos dela?

Os urros de um bezerro
são humanos, vulneráveis.
A dor não tem lindeiros,
nem país confinando
o animal do animal.

A DOMA E SUA DANAÇÃO

Animal doméstico,
animal de festa e guerra,
homem,
preso a si mesmo pela cauda ridícula,
preso aos outros pelo movimento da pata,
não tens outra porta ou acomodação necessária,
não tens outro tema ou teorema
a modular com as traças.

Teus pais te engendraram para seres doméstico.
Uma estrela guiou tua vinda para seres
[doméstico.
Cresceste além da sede e da fome, para seres
[doméstico.
E quando pensaste atingir o infinito, com as têmporas,
ficaste enterrado num sótão doméstico.

Doméstico, como os gatos e as moscas,
não pões asco de estar ali
a farejar os pratos
e cheirar por justiça
nos corredores.

Doméstico e atado
pela coleira das convenções,
doméstico e fácil, satisfatório
em todos os assuntos de disciplina,
hábil na manipulação dos horizontes,
que fazer, senão saber-se passivamente
doméstico, enrolando-se nisso?

Articulas-te, entre a angústia e a esperança,
com o dorso numa e noutra coisa
e as pernas da ambição nos elétricos.

Animal doméstico, dormes
nos calendários
e a morte te desperta
no melhor da sesta.
Doméstico,
até na morte doméstico.

DÍVIDA

A dívida aumenta.
A do país e a nossa.

Cada manhã sabemos
que se acumula a dívida.
A grama que pisamos
é dívida.
A casa é uma hipoteca
que a noite vai adiando.
E os juros na hora certa.

Ao fim do mês o emprego
é dívida que aumenta
com o sono. Os pesadelos.
E nós sempre mais pobres
vendemos por varejo ou menos,
o Sol, a Lua, os planetas,
até os dias vincendos.

A dívida aumenta
por cálculo ou sem ele.
O acaso engendra
sua imagem no espelho
que ao refletir é dívida.

A eternidade à venda
por dívida.
A roça da morte
em hasta pública
por dívida.
A hierarquia dos anjos
deixou o céu por dívida.
No despejo final:
só ratos e formigas.

NOS FITAM DE OUTRO SÉCULO

As coisas fazem parte deste olhar,
deste gesto com elas.
Nos fitam de outro século,
cães de guarda, as coisas,
cães que se farejam.

As coisas fazem parte deste olhar
perecível, andaimes.

AQUÉM DE SUA VONTADE

Não busques o equilíbrio
nas coisas. Elas jazem
aquém de sua vontade.
Nem no dia que se alteia
longe de teus braços.
O equilíbrio é um arrabalde,
um corte na justiça.
Nem o amor, nem o antigo
vagar dos planetas.
Nada te equilibra,
nada salva
seu rumor de semente.

DENTRO DE MIM

Dentro de mim há pássaros que cantam.
E eu me sinto cansado de partir.
Sou homem – mas não sei para onde ir.
Sou pássaro – não sei por que me espantam.

POEMAS E SAPATOS

Nada tenho de meu, nem os sapatos
que vão acompanhar este defunto.
Nem tampouco montanhas e regatos
que habitaram o verso, nem o indulto

pode valer-me, o soldo, mero extrato
de contas. Nada tenho, nem o intuito
consome esta vontade ou desacato.
Desapareça o nome, seu reduto

de carne e bronze, a fome incorporada
e mais desapareça onde fecundos
são dias e são deuses nesta amada.

Não foram nunca meus – sonhos e fatos.
Nada tenho. Poemas e sapatos
irão reconhecer-me noutro mundo.

NAS ALTAS TORRES

Nas altas torres do corpo
todas as horas cantavam.
Eu quis ficar mais um pouco
como se um campo de potros
espantasse a madrugada.

Eu quis ficar mais um pouco
e o teu corpo e o meu tocavam
inquietudes, caminhos,
noites, números, datas.

Nas altas torres do corpo
eu quis ficar mais um pouco
e o silêncio não deixava.
Conjugamos mãos e peitos
no mesmo leito, trançados,
eis que surgiu outro peito,
o do tempo atravessado.

Eu quis ficar mais um pouco
e o teu corpo se iniciava
na liturgia do vento
lenta e veloz como enxada.
Era a semente batendo,
era a estrela debulhada.

Nas altas torres do corpo
quis ficar. Amanhecia.
Todos os pombos voavam
das altas torres do corpo.
As horas resplandeciam.

PROA MERGULHADA

Com as coisas mais simples, silenciosas,
a casa com seus hábitos. A onda
que se compraz a descansar na água.
Pelo ar inefável, sobem rosas

de um jarro: te amo. A mesa tão redonda
que, na manhã, é proa mergulhada.
O café, junto ao leite quente, quente;
sua xícara suspensa na inocência.

E o pão cortado, a fala destilada
sob a luz. Era o tempo, sua ciência
de ir sem ser levado. Segurava

no bico do silêncio: amor, amada.
Falamos sabiás, folhas e nadas.
O sol por dentro, o galo da palavra.

ULISSES NA CAVERNA DOS CICLOPES

Tinha inocência antiga
divisando com a infância.
E a inocência nos mede
apenas com sua sede.

Quando estava cativo
com os meus companheiros
na caverna dos ciclopes
me senti inocente.
Ou talvez fosse o pânico.
Longas grades de vime
vergavam sob os queijos
e os estábulos rugiam
entre anhos, cabritos.
E eu então me sustive.
O amor demora a ir-se
de nós. E era inocente
a forma de comermos
os queijos na caverna.

E eis que num rumor
assombroso abalou-
-se o antro como se
rebentasse o mundo.
E uma pedra fechou

a boca da caverna.
E a caverna soou
em outra pela alma.

E o gigante impiedoso
descobriu-nos. Fugimos.
Apanhou dois no gume
das mãos como cachorros
e bateu-os no solo
e os seus miolos iam
desmoronando ao colo.
E os mastigava, arfava
e fartava seu ventre
junto com o alvo leite.
E nós, tão inocentes
chorávamos. Contudo,
Polifemo deitava
a todo o comprimento.

E ao mugir a manhã
ordenhada lá fora
do antro com seu fogo,
ali, restos devora.
Após, suas ovelhas
em assobios guiava
além, para a montanha.
Com a pedra retirada.
E Polifemo ardia
na volta do rebanho.
E eu lhe dei o vinho
com reflexos de ouro
e bebeu, embebeu-se

do torvelinho, aos sorvos.
O delírio do cosmos.

E foi perdendo o nome.
Era o oculto, o medonho.
Foi-se perdendo dentro
de labirinto ou mito.
E era ninguém meu nome.
Até que ébrio no instinto
lhe resvalou o sonho.

E se acordou, gritando.
Como alguém que brota.
Urrando pelas bordas
de um correr sem rumo.
E com os sobreviventes,
a estaca a estaca
aguda e dissidente
no globo de seu olho
impelimos furentes.

E é dor, é dor, nudez
na subtração da luz.
E a falta que se adia.
Vai subindo às estrelas.

"E não, não há nenhuma
luz que viver não surpreenda"
– a si murmura. Em raiva,
"nenhuma luz", repete.
E a caverna geme
como se fossem lábios
apertando o trompete.

E vêm os ciclopes, acodem
ao chamado. E bradam:
"Quem feriu?"

– Respondeu: "Ninguém".
Arqueja, clama.
Irracional, implume, inocente.
É ninguém pela dor.
Ninguém: todos os homens.

DIEGO FRONTEIRA

Viu que era alguém
mas não sabia.
Sentia um pouco
de frio, um leve assombro.
Corno se brotasse
repentinamente
de um tempo ileso,
subterrâneo, quieto.

Dois anos e meio
se passaram
nessa alucinação.
Ou agonia
de não saber explicar
que espécie de beleza
presenciara.

E não podia revelar
essa estranheza.
Porque ninguém
acreditaria
e simplesmente
entrara no limite.

Ultrapassá-lo seria
o começo da morte,
começo de uma estranheza
ainda mais alarmante.
E terrível.

E não possuía
mais memória.

TEOTÔNIO – BANQUEIRO

Amortizei a morte
e as promissórias foram
trocadas como ameixas,
ou pêssegos insones.

E compensei a infância
penosa tantas vezes.
Comi a própria fome,
extraí dela os meses.

Nenhum pecúlio. O ar
então me alimentava.
Às ervas mastigava,
as hortelãs da noite.

Mas produzi, fui muitos.
Organizei a morte.
Entra na caixa forte,
agora toda a vida.

O dinheiro é energia.
A infância soterrada:
a fome que engolia
os acasos da alma.

E no plano cruzado
emprestei a harmonia,
dinheiro pus no vento
e o vento em calmaria.

Correção monetária.
Como a sombra na sombra.
Juros são maresia.
Igual à luz que tomba.

Mas foi a pique o plano
e se amontoou a dívida.
O que emprestei no banco,
há de voltar com a tíbia

da manhã, mais tardia.
Há de voltar em dobro.
A dívida é faminta
e dúbia, suserana.

Quando será humana?
Como saciar-lhe a boca?
Este país se esgota.
Mas eu que cobro a conta.

ARÃO, O PEIXE

Tive misericórdia daquele peixe miúdo e sem forças. Cordeirinho indefeso. E me pedia, com a alma fora da boca. A alma na rede. Tive misericórdia e o levantei. Coloquei-o num vaso de água. Ia nascendo o peixe pela boca. E fora da lei. Dei-lhe morada. A misericórdia tem razões que desconheço e o peixe se tornou companheiro de peregrinagem. Sem pátria, como eu.

Chamei Arão. Nada tinha de Arão do *Velho Testamento*. Nem tampouco foi alguma vez meu porta-voz. Aqui, ou junto aos eitos do povo. Nem era parente do peixinho que seguia Quintana, com trote de rio. Mas me falava em língua que só nós entendíamos.

E sou poliglota apenas pelo coração.

Eu o levava, vez e outra, na algibeira, no bolso do casaco. Ou então íamos de mãos dadas, sujeitos ao assombro dos menos cordatos.

E Arão era mais sabiá, que peixe. Nadava no ar sob o repuxo de meus dedos fluviais. Comecei com ele uma amizade que não mais pertencia aos peixes, nem aos homens.

Fomos nós dois envelhecendo. Organizei um aquário, onde, com algumas plantas, parava comigo no quarto. Nos fitávamos, de esperança em esperança. Como de onda em onda, um barco. E era peixe democrata, sorridente. Quando lhe pedia, usava terno, camisa, gravata. Ou tinha algo de um pequinês de estimação: fardado pelo dono.

Era humano nalguma parte. Não sei onde. E comíamos perto, um do outro. O meu apetite tão grande, não podia ser alma. Sentia sua preocupação comigo. Perturbava-me. E as naturezas não divergem, nem tropeçam na luz. Aquele peixe possuía uma inteligência de amor. E me desarmava. Até que um dia me disse que ia morrer. E o seu suspiro foi desamparado. Não queria deixar-me. E eu principiei a morrer, quando aquele peixe fechou seus longos olhos. E a misericórdia que dei, voltava lentamente para mim.

A BICICLETA

A bicicleta de sóis que pedalava
pela calçada de um futuro insano,
era um menino que outro carregava
na lua, bicicleta pelos ramos.

E aquela que no tempo levitava
e a outra, de Deus nos desenganos.
Bicicleta que aos corpos conjugava
e a desta alma, roída nos seus planos,

na fera imperfeição. De seu pedal
o mar e a preamar forma um só gomo
de azuis, velocidades, tombos, mitos.

E do seu aro estranho, nasce o sono.
Da roldana, a agonia, seu ritual.
Os pés na vida, os pés no próprio grito.

INQUISIÇÃO

Fui conduzido ao centro desta praça.
Razões, perguntas, argumentos, traças
não acharam o trecho de repouso,
a alavanca de apoio.

Vim conduzido, ébrio ou sem sentidos,
por entre corredores
como ao Conselho dos Doze.

O que me basta,
me faltava na balança.
Os pés faltavam, axiomas
de um teorema de ânsias.
A lança dos motivos resolvidos.

Não havia recursos, privilégios,
acessos de função.
Os juízes vendados me inquiriam
a existência e a origem,
os atos encobertos no meu trajo;
e como tudo em mim me transpassasse,
eu morto me senti
no eito deste rio de crimes.

Não sei onde começa, onde termina
meu corpo. A alma principia.

Fui conduzido ao centro.

INTERREGNO

Entre a loucura e seu transe,
a liberdade se abre
e neste ávido lance
as asas se desemperram.

As plumas iguais a um ganso
e se alimenta do instante,
no ar se abeira e se move,
o dorso além do pescoço.

Sobre a loucura este ganso,
com rosto de musgo e pólvora,
escarva o álgido poço,
as patas mais o revolvem.

Que buscas, insones lábios,
onde a demência se esgota
e a noite com seu camelo,
bebeu a última gota?

Entre a loucura e o remanso,
a liberdade se estende
e dorme. Ali jaz a nave
de penas, ao homem presa.

Entre a loucura e seu transe.

RODA

Tudo é um relógio circular e ávido,
sem ponteiros (quem pode merecê-los?)
como uma tolda única, um enredo
a deslindar-se noutro. Onde a corda

(que aos poucos enforca), venda, solda
de sons que não entendo? Quem entorta
o andar, mas não emperra
como serra sempre a cortar, mortalha?

E sempre a circular, penetro nele
– o relógio ou a sorte – que trabalha,
sendo o próprio rodar, o próprio espelho
que a nossa brevidade não demarca.

FLAGRANTE

Eis a eternidade.
Tudo se bifurca
nessas amplas margens
de águas insaciáveis
onde trilham remos.

É menear de ombros?
É alvor de coisas
nunca regressadas?
Rumores de lebre
por entre ruínas:
eis a eternidade.

Nada ali se trunca,
invisível bússola,
aluvião de sendas,
corda absoluta.
O que nela esmaga
é um jorrar de nuncas.
Eis a eternidade.

Busco a outra face
de alguém que não toco
e jamais percebo:
eis a eternidade.

Um puro acabar-se
de rotas palavras.
Início de arte?
Excesso de morte?
Mudo evaporar-se
de silêncios altos.

Eis a eternidade.

LUIZ VAZ DE CAMÕES

Não sou um tempo
ou uma cidade extinta.
Civilizei a língua
e foi reposta em cada verso.
E à fome, condenaram-me
os perversos e alguns
dos poderosos. Amei
a pátria injustamente
cega, como eu, num
dos olhos. E não pôde
ver-me enquanto vivo.
Regressarei a ela
com os ossos de meu sonho
precavido? E o idioma
não passa de um poema
salvo da espuma
e igual a mim, bebido
pelo sol de um país
que me desterra. E agora
me ergue no Convento
dos Jerônimos o túmulo,
quando não morri.
Não morrerei, não
quero mais morrer.
Nem sou cativo ou mendigo

de uma pátria. Mas da língua
que me conhece e espera.
E a razão que não me dais,
eu crio. Jamais pensei
ser pai de tantos filhos.

FAUSTO

I

Sobre o tímpano do vento,
foi que o encontraram morto
e com os ouvidos abertos
a todo e qualquer esforço
de equilibrar o seu mundo
com outro, fora do corpo.

Sobre o móvel do ar,
móveis os olhos sobem.
Quem os pode segurar
para dentro do corpóreo,
para dentro, para dentro
do seu campo imaginário?

Sobre o expresso do ar,
foi que o encontraram morto
e seu gesto de esperar
não era o mesmo das rodas
que vorazes o levavam.

Seu nome já não importa,
pois os mortos o perdem
no momento de ser mortos

e tomam os seus lugares
para serem a memória
de um corredor
que era o nome.

II

Como refém da manhã,
foi que o encontraram morto.
O canto não o largava
com sua toalha, o tempo
se enrolava nele. O tempo
se fez encosto
e seu derradeiro corpo.

Eis que o encontraram morto
no morro, na procissão,
no pensamento, no sono.

No meio da rebelião.

III

Como refém ou refrão,
sabei que ninguém é morto
e no morto é vivo tudo,
coberto de solidão, de folhas
e tendo livres sapatos.

Este morto sabe suprir o verão,
o inverno. Se de novo o encontrarem,
talvez o vislumbrem jovem,
no meio da rebelião.

E a morte sempre mais velha.

CÂNTICO

Limarás tua esperança
até que a mó se desgaste;
mesmo sem mó, limarás
contra a sorte e o desespero.

Até que tudo te seja
mais doloroso e profundo.
Limarás sem mãos ou braços,
com o coração resoluto.

Conhecerás a esperança,
após a morte de tudo.

IMPRONUNCIADO

Calemo-nos. O amor
se alimenta silêncio.
As nossas mãos, os corpos,
a alma e estes verdes,

que, pelo monte, manam
e do cristal o peso
que sustamos, nascendo.
E o que planos, plantamos.

E o só calar é amor.
E nós nos depuramos
no ileso, no secreto,

no mais: aquele espesso,
onde não somos nós
mas somos o silêncio.

O CAMPEADOR COM AS RÉDEAS DO TEMPO

I

Quando os ventos chegarem
na terra forte,
quando as nuvens rolarem
sobre as nuvens
e o vento se deslocar
sobre o vento,
o sonho tombará o sonho,
reverdecendo.

Quando o vento se deslocar
sobre o vento
na terra forte,
os homens serão setas no tempo.
O tempo destila o tempo.

II

Os ventos serão asas,
os homens serão ventos,
as noites serão as noites
dentro das noites,
as casas

dentro dos homens,
o tempo.

A morte sempre vivida
é vida multiplicada.

III

Nada,
nem a lentidão do drama,
o curto espaço
em que habitava,
o fio da espada,
nem os trópicos,
nada embaciava
aquela onda:
o Cavaleiro e sua jornada.

IV

As pedras se transformam
em astros longe ventando,
os pássaros retomam
os horizontes de vento.

As noites passam
dentro das noites
e os ventos dentro
dos ventos.

A morte sempre vivida
é vida multiplicada.

V

O vento é o vento,
a vida é noite
cheia de ventos,
porém ao vento
como encontrá-lo?
Na sombra branca,
na sombra branca,
na sombra branca de seu cavalo.

VI

O vento é o vento;
as crinas não rompem
o silêncio
e ao seu galope
retumba a água,
prossegue sempre,
até que o tempo
desmonte a morte,
no seu galope,
desmonte o tempo.
Prossegue sempre.

VII

Quando os ventos forem caminhos
e os ventos-ventos forem sementes,
quando os cavalos forem moinhos
e a noite negra for transparente.

Quando os ventos forem caminhos,
quando os barcos forem poente,
quando os cavalos forem moinhos,
moendo a noite tranquilamente.

Quando os ventos forem caminhos,
a vida cheia de ventos
na vida feita semente,
moendo o jugo com seus dentes.

Quando os ventos forem caminhos,
seremos ventos e ninhos,
sombras esguias, ventos-moinhos,
moendo a noite nos seus caminhos.

BOLÍVAR FALA AOS CONTEMPORÂNEOS

Minha fortuna? O povo de onde vim
e a planura da terra, a paz
que não me quis.

Despojei-me da herança dos avós
e de nada cobri a posse inteira,
de nadas me muni na provisão
da morte que me pesa
como um celeiro cheio.

Nem a fortuna e o coração.
Roubado, renegado, perseguido,
minha nudez
é mais feliz que eu.

BALADA DE MANUELA SAENZ

"Amado, que morte tens,
na tua morte avançada?
O meu amor te mantém
vivo, subindo as escadas.

Indo nas ruas, além
da multidão assombrada.
Amado, que morte tens,
na tua morte chegada

ao limiar justo de Deus,
onde entregaste a espada?
O que fizeram os teus,
nas repúblicas sonhadas?

Amado, que pátria tens,
em tua morte, libertada?
O meu amor te mantém
vivo, subindo as escadas."

INSCRIÇÃO

Aqui estou, aberto o pórtico.
Serei breve no amor e no transporte.
O óbolo está pago, o dia resgatado
e a barca pronta com seu barqueiro amargo.

Aos deuses não ouso nada,
nem compro,
senão o intervalo
de meu próprio espanto.

Carregai-me, barca.
E ainda canto.

TESTAMENTO VERDE

Para Carla Carpi Nejar

Tudo o que é humano
sabe a espelho. A luz real
apenas se reflete. O nosso
nome é igual, sou tão precário
mas sabes que te amo.
Perece o sonho, se não
o regamos. A chuva
é o instante de ser nuvem.
E me fui despindo
dos adornos, dos taciturnos
ódios. Os meus puídos anos,
com os sapatos. O patrimônio
de palavras e cuidados. Talvez
o patrimônio de silêncio.
E que a inteligência seja flecha,
mas saiba repousar. Impávido
ou adverso, em nós se funde
o tempo e o universo
é um sigilo, um informe secreto.
E quando venta, estou perto,
percebes. A lei morre
em seu peso. A dor
se esgota. É no simples

que as coisas são completas.
E, filha amada, importa
resistir sob o pavio dos ossos.
Refazer a vida, tantas vezes,
quanto a vida doer.

OS MORTOS – EU OS VI – NA PRIMAVERA

Os mortos – eu os vi – na primavera.
Ressurgiam dos corpos. Eu os vi.
A primavera começava neles
e terminava onde a alma estava.

Os mortos – eu os vi – iam descalços
na primavera, iam libertados.
Nada tolhia, nada separava
os pés das coisas vivas.

Os mortos – eu os vi – não tinham rosto
nem nome. Eram muitos.
Num só se acrescentavam.
Eram muitos e vivos. Perguntei-lhes
por onde a primavera se alongava.

Os mortos – eu os vi – na primavera.
O sol dobrava neles os seus frutos.
O sol entrava neles. Eram larvas.

GAZEL IMPERFEITO

Sabias do nome
sob a pedra.
Sabias da treva
que te come.
E os pássaros
errantes
sobre a morte,
pousarão
sem saber
porque te chamo.

ESCREVEREI AURORA

> *Sur les marches de la mort*
> *J'écris ton nom.*
> Paul Éluard

1

Amada,
a espuma está no trigo
e o teu nome
é um fruto interrompido
sobre os lábios.

Estreitos são os braços
sobre os braços.
A aurora está contigo.

2

Escreverei aurora nos navios,
nos bosques, nas manhãs dentro do vento.
Escreverei aurora no horizonte,
nas tardes, nos silêncios, nas areias.

Escreverei aurora sobre os mapas,
nos cisnes, nos pássaros, nos rios.
Escreverei aurora sobre os homens,
aurora nas mulheres, nos meninos,
aurora sobre os olhos, sobre os braços.
A aurora está contigo.

Escreverei aurora com o nome de minha mãe
ou uma árvore na infância.
Escreverei aurora no murmúrio das águas,
das palavras.

Escreverei aurora de mansinho
como se diz: amada.
Escreverei aurora.

ALFORRIA

Pássaros somos
sem menor retorno.
Depois as asas doem
e as folhas tombam.

Aos poucos
vou comprando
a liberdade.

Os sapatos doem,
as roupas doem,
a morte
não tem dor,
doendo em nós.

Aos poucos
vou comprando
a liberdade.

De chofre,
nada nasce.

A vigilância
cobre nosso sono
com gaiolas e tômbolas.

E o comércio
do sonho
se dissolve.

Aos poucos
vou comprando
a eternidade.

CANTATA DO UNIVERSO

Temos a madureza
e é outra inteligência:
verde, serena, densa.

Saber o que é do fruto
e apenas o que é ciência
palpável, resoluta.

Captação do absoluto.
E reduzir o apuro
à sede do imperfeito.

Nada nos desconcerta.
Nada se torna íntimo,
depois de haver vivido.

Sabemos onde é o muro,
onde a planície espaça
os dúcteis latifúndios.

E onde se apruma a graça
de sermos dois e muitos.
Os indícios do riso

e as espécies de culpa
e tudo o que a beleza
sob o nome disfarça.

O que o universo eleva
na camada de folhas
ou aquilo que acena

em possível derrota.
Ou a marcha das estrelas,
infatigável, tensa.

A mais pungente venda
aos olhos da matéria.
E a antimatéria intacta.

O que o universo baixa
sob o alfabeto de usos
e costumes contritos.

Ou a mais ingente perda.
O que absolve ou salva,
o que recolhe os fusos

tardantes da metáfora.
O que grava a memória
de fatos sucessivos

e os mais gloriosos feitos
que a fama alteia e apaga.
E é onde então que a idade,

amada, nos aprova.
Já foi severa e farta.
Agora é uma pergunta

dentro de outra, em rumos
abertos – pedra e selva.
A dor na dor perfumo,

são outros os espectros
mais tácitos, o fumo
dos bens está disperso.

E é bem maior o preito
em mais te amar. E o verso
no léxico se funde:

um velo retraçado
de canto e alaúde.
Envelhecemos, quietos.

E amando, se entretece
em mais amor o tempo,
que nos possui, vivendo.

Enquanto o corpo desce,
o amor é mais concreto
e abrange o universo.

RESTRIÇÕES

Uma parte de minha liberdade
bicada pelos pássaros
e outra, na vidraça
foi levada pela chuva.
Alguma parte dela,
abandonei na rua
E outra o amor a consumiu
fazendo sua.

Outra o Estado a sorveu,
gota por gota,
por ser eu cidadão
tendo em conta leis,
pendões, brasões.
E o mais não sei.

Alguma réstia dela,
alguma grei
dei aos pobres
por modéstia cristã,
que eles mastigarão
os ossos da solidão.
E outra esqueci entre
as páginas de um livro
com as borboletas de arquivo.

Que me fica da liberdade?
Como vou defendê-la em mim,
se nenhum bocado me respira
ou busca cidadela na colina?

Defenderei então a possibilidade,
as verbenas que no seu lugar nascem
ou, quem sabe, terei a humildade
para recolhê-la, de colmeia em colmeia.

Defenderei alguma sobra dela,
a memória, a vestidura, a sela.
Defenderei os corolários, o teorema
de Pitágoras, qualquer ideia
que a faça retornar, embora velha.

Para ela, sempre haverá espera,
arreios e bala.

PAIOL DA AURORA

I

Colocaste este nome
na casa. E era
mais nua que a onda
na água.

Como podem
as coisas existir,
sem afago?
Paiol é como anotaste a luz
que se despe de amor.

E arderás no coração
desta enseada em concha.

Até o Pontal
do derradeiro orvalho.

II

Os morangos tinham
idades em ti. Mas a alma
não.

O céu como uma roda
lacerava o eixo azul
e não dormia
não dormia.
Nem tu, que estavas nela
girando e envelhecendo.

Com seu ronco de boto,
pesava-te ao pescoço o sol.

Não, não te escapas:
pertences à mesma raça.

III

As castanheiras se tornam imensas,
ao tocá-las. Imensas
e esqueces as diferenças
de infância e cor.
Até que o pintassilgo
levante em trompa
o bico. E caias
sob o peso
de conselhos, juízos.

Caias sob o canto
que leva flor ao cimo.
E a água do mar gritava
e chamavas sem dolo
o nome das coisas.

Todas ficavam em flor.

IV

Não és senhor de árvore,
pedra ou dos réis
de água, junto à praia
desta mônica de espuma,
com os nós pelo ar, parados.

E as cordas das fundas estrelas.

Não és dono nem de tuas
dúvidas. Nem o oceano
de olhar-te, conhece
tuas feições.

E os amantes se querem mais
pelas estranhezas, que as
descobertas. Nem são donos
do que os invade.

Ó Pontal de éguas claridades!

V

Em novelo, como os cães
e as crianças adormeces.
Basta o assobio e o mar
avança. Basta deixar
a vida sob o paiol,
sozinha e então,
possuí-la: mais grata
e rara. Apetecida.

VI

Viver é estar acordado
e acordar. E comer
o pão, beber a branca
alegria, deitar
com as lavas.

E no tempo ajustado
pela alma, erguer
as asas.

VII

Os olhos voarão,
os braços e os pés
voarão.

E pela sacada
de mel, não há
alma que não voe.

E o céu coado
entorna fluvo,
uivo: em decibéis,
como um tonel,
o anel intransponível
de gaivotas.

VIII

A roda de Deus
nos toca.

E vives
com um ramo
de amanhecer
na boca.

CONSIDERAÇÕES SOBRE A FALÊNCIA

Imprevisto é o sorriso.
E no imprevisto deus, o deus perdido,
o que ficou no atraso, sem recibo,
o deus expulso de seu paraíso,
por golpe de estado.
O deus, o deus. Que deus?

O que amamos com ira.
O que inventamos, hábeis.
O que levamos na carroceria.
O que lavamos com o mar.

Imprevisto é o sorriso,
o cargueiro do ar, o ríctus.
Imprevisto é sorriso
quando falimos.

Museu de órfãos e ausentes,
há sempre um deus de crina,
quando falimos.
E a alma pergunta
em cada coisa,
quando falimos.
Esconde o que não ousa.

Usamos a matéria de amor
no paletó, no cós da calça.
Com matéria de amor
bato o refrão,
a possessão e seus confins,
o negro cão movido por meus fins
e o mais que abdiquei ou pretendi.

Imprevisto é o sorriso
e falir é previsto
como as culpas e os vícios
e seu dicionário
tem palavras de crise, crime.

Com matéria de amor somos sublimes;
com matéria de amor se abre o reino.
Com matéria de amor nos destruímos.
E falimos sem remédio ou prêmio.

Afinal
não é questão de método
ou métrica,
emprego de capital,
civismo.

Falir é esquecer a vida,
deixando-a, incômoda,
em nossas dívidas.

Depor as faculdades de ir e ouvir
num armazém

de secos e molhados.
Esquecer partindo
ou partir esquecendo
pela metade, em partes
ou rendimentos.

Não vale o crédito
de haver vivido;
falimos
com altos méritos.

Não vale o nexo
desta peleja,
nem vale o espectro
de haver morrido
com os deslises
de quem germina.

Ninguém nos salva
desta falência
de estar na ceia
sem ser conviva.

Quem não faliu, que o diga?

Quem não faliu no pecúlio
ou na bolsa de valores,
no amigo, no inimigo,
com orgulho,
quem não faliu no curtume,
no sindicato, no áspero,
no aço do assassino?

Quem não faliu no equilíbrio?
Falir é tudo o que existe.
Imprevisto é o sorriso.

AGONIA

Tenho esta dor. Sim, povo, tenho esta dor,
esta suspeita sem arcas.
Vou guardá-la.
De um tempo a outro caio, sem tempo.
De porteira a porteira.
De um tempo a outro caio, caio sempre.

Voltei à infância, voltei para fora,
para aquém de minha morte.

A dor não se retrai e anda sem pés,
aonde? Está aqui, ali,
soberba como um touro
na praça, no país,
entre fuzis.
Não ouviste quando te chamaram,
Jesualdo,
quando te chamaram não ouviste,
quando te chamaram?

Fogo! O touro se moveu
atrás do muro, atrás do mundo.
Por que este escuro na dor, este
escuro nos pés, este escuro em ti,
Jesualdo, que se move como um touro?

Suspeito de ter morrido
há cem anos ou dez,
sem conhecer da morte
o assento e o trem.

Suspeito de ter sido transpassado
como um túnel, à esquerda,
por um trem.

Suspeito de não estar aqui,
mas a dor é real
e os empecilhos e as rótulas.

Há uma desordem nisto
e há uma ordem na dor,
aprofundando ritos.

Ausente de si mesma,
regada a esterco,
a lesma não sai.
Só violando
as guarnições, a paz,
teu desejado filho.

Esta dor não se casa,
não partilha do patrimônio
e das recusas.

Vou guardá-la.
Vou fazê-la mulher,
depois amá-la.

Entreaberta até o fêmur,
sem fio, sem estações
ou gastos, não sai;
a carência é sua trilha.
Não tem locomotiva,
não tem siglas.
Dor sem morte
e mortal por isto.

Quem te encerrou na torre,
quem te encerrou na torre
e te encerrou na torre?
Eras menino. O escuro
nos teus pés como um cachorro.
O escuro latia nos teus cães.
De porteira a porteira,
tempo a outro,
pesa tanto este amor,
esta madeira,
o desenho de tréguas,
esta treva.

Onde tua janela, Jesualdo,
o retrato?
Quem costurou tua fome
e os botões do casaco?

Esta dor não se retrai, não se retrai,
esta dor, esta fome não se retrai,
esta suspeita,
esta raposa que não sai da colheita.

Não sai. O touro, com olhos
de um crocodilo surdo,
parou,
parou no meio do mundo.

GERAÇÕES DE SÓIS
(JOÃO SERAFIM)

1

O sol vinha caindo
da figueira.

O figo vinha
      caindo.
O sol das eiras
não tinha onde cair.
      Ladrava, cachorro
com a pata
      no anzol.
Ia florindo
um pé de bentevis.

2

Serafim queria beber todo o sol possível.
                      [Antes que sua
figueira despencasse.
      Então se embebedava. Como Noé quando
                    [atracou a Arca.

Não de bebida forte. De luz se inebriando.
Até tombar na praia
        arrebatado.
Sua alma não jazia
naquele instante, ali.

O corpo (des)avoava.
        Içado pelas asas,
era o vaso.
Todas as calmas mediam este amor.

3

Porém, o amor vazava?
A figueira com o sol, desacordada,
        deitara toda azul.
    O sol dava com os burros n'água.
E o rio de ponta-cabeça ia.
        Serafim, pendendo as peixeiras-ideias,
                          [no seu cinto
de alecrim:
    "Amor, posso eu, medir?"

4

As gerações dos sóis
como a dos pássaros
transitam.
    Pássaros
        com sóis rorejando.
E sóis: não foram escutados
pelos olhos.
        Cantam.
Ouvi-los é da infância.

SUSERANIA

Durinda tinha alma nas mãos, ao tratar com Futuro.
No repuxo das noites. Os sentidos sem gaiola. Iam à alma.
Como se vai às águas. E as coisas todas viam nos seus olhos.

FRAGMENTOS

1

Assumi a levedura,
o fogo.
E me banhei duas vezes
no mesmo corpo.

2

Nenhuma ciência é maior
que a de estar vivo.

SONETO AOS SAPATOS QUIETOS

Os pés dos sapatos juntos.
Hei-de calçá-los, soltos
e imensos, e talvez rotos,
como dois velhos marujos.

Nunca terão o desgosto
que tive. Jamais o sujo
desconsolo: estando postos,
como eu, em chãos defuntos.

Em vãos de flor, sem o riacho
de um pé a outro, entre guizos.
Não há demência ou fome.

Sapatos nos pés não comem.
Só dormem. Porém, descalço
pela alma, é o paraíso.

BIOGRAFIA

Carlos Nejar, considerado o "poeta do pampa brasileiro", para uns e para outros, como Jacinto do Prado Coelho, "o poeta da condição humana", nasceu em Porto Alegre, RS, em 1939, onde viveu boa parte de sua vida, trabalhando como promotor de justiça pelo interior do pampa. Viajou algumas vezes a Lisboa, Portugal, a convite da Fundação Gulbenkian. Ali morou, em aperfeiçoamento jurídico, na Procuradoria da República e no Centro de Estudos Judiciários, Largo do Limoeiro. Procurador de justiça aposentado, está radicado atualmente no seu "Paiol da Aurora", diante do Mar de Santa Mônica, Guarapari, ES. Pertence à Academia Brasileira de Letras, onde ocupa a cadeira nº 4, ao PEN Clube do Brasil, à Academia Espírito-santense de Letras e ao Instituto Histórico e Geográfico do Espírito Santo, tendo recebido o título, pela Assembleia Legislativa, de cidadão do referido estado. Em 1996 recebeu o troféu Brava Gente, do governo do Rio Grande do Sul, como embaixador do pampa. Foi jurado do prêmio Casa de las Américas, de Cuba, e do Prêmio Luís de Camões, entre Brasil e Portugal. Traduzido para várias línguas, com livros sobre a sua obra, é estudado nas universidades do Brasil e do exterior. Além de poeta, é também crítico e ficcionista.

OBRAS DO AUTOR

A genealogia da palavra. (Antologia pessoal). São Paulo: Iluminuras, 1989.

A idade da aurora. (Rapsódia). São Paulo: Massao-Ohno, 1990 [comemorando os trinta anos de poesia do autor]; 2. ed. Vitória/São Paulo: Nemar/Massao-Ohno, 1991.

Amar, a mais alta constelação. (Sonetos). Rio de Janeiro: José Olympio, 1991. [Troféu Francisco Igreja, da UBE/RJ, no mesmo ano.]

Arca da aliança. (Personagens bíblicos). Guarapari: Nejarim-Paiol da Aurora, 1995.

Árvore do mundo. Rio de Janeiro/Brasília: Nova Aguilar/INL, 1977; 2. ed. Rio de Janeiro: Nova Fronteira, 1977; [Prêmio Luiza Cláudio de Souza, do PEN Clube do Brasil, como melhor obra publicada em 1977.]

Canga: Jesualdo Monte. Rio de Janeiro: Civilização Brasileira, 1971; Ed. bilíngue (espanhol/português). Trad. para o espanhol por Luis Oviedo. Guarapari: Nejarim-Paiol da Aurora, 1993.

Casa dos arreios. Porto Alegre: Globo/INL, 1973.

Danações. Rio de Janeiro: José Álvaro, 1969.

De Sélesis a Danações. São Paulo: Quíron/INL, 1975. (Coleção Sélesis) [2. ed. dos cinco primeiros livros.]

Elza dos pássaros, ou a ordem dos planetas. Guarapari: Nejarim-Paiol da Aurora, 1993. [Apoio da Lei Rubem Braga.]

Livro de gazéis. Lisboa: Moraes Editores, 1983. (Coleção Canto Universal); Rio de Janeiro: Record, 1984.

Livro de Silbion. Porto Alegre: Difusão de Cultura, 1963.

Livro do tempo. Porto Alegre: Champagnat, 1965.

Memórias do porão. Rio de Janeiro: José Olympio, 1985.

Meus estimados vivos. Vitória: Nemar/Prefeitura Municipal de Vitória, 1991.

Minha voz se chamava Carlos. (Antologia). 2. ed. Porto Alegre: Unidade Editorial/Prefeitura Municipal de Porto Alegre, 1994. (Coleção Petit-pois).

Obra poética: Sélesis, Livro de Silbion, Livro do tempo, O campeador e o vento, Danações, Ordenações, Canga, Casa dos arreios, Somos poucos e A ferocidade das coisas. v. 1. Rio de Janeiro: Nova Fronteira, 1980. [Prêmio Érico Veríssimo, Câmara Municipal de Porto Alegre, 1981.]

O campeador e o vento. Porto Alegre: Sulina, 1966.

O chapéu das estações. São Paulo: Nova Fronteira, 1978.

O poço do calabouço. Lisboa: Moraes Editores, 1974. (Coleção Círculo de Poesia) [Prêmio Femando Chinaglia, da UBE/RJ, como melhor obra publicada em 1974]; 2. ed. Rio de Janeiro: Salamandra, 1980; 3. ed. Rio de Janeiro: Record, 1983.

O poço do calabouço, Árvore do mundo e O chapéu das estações. São Paulo: Círculo do Livro, 1979.

Ordenações. Porto Alegre: Globo/INL, 1971. [Prêmio Jorge de Lima, do INL, para obra inédita

(Ordenações IV: Arrolamento)]
  Os viventes. Rio de Janeiro: Nova Fronteira, 1979.
  Sélesis. Porto Alegre: Livraria do Globo, 1960.
  Simón Vento Bolívar. Ed. bilíngue (espanhol/português). Trad. para o espanhol por Luis Oviedo. Porto Alegre: Age, 1993.
  Somos poucos. Rio de Janeiro: Crítica, 1976.

ÍNDICE

Carlos Nejar, o poeta 7

A FEROCIDADE DAS COISAS

À espreita 160
Entre as coisas 166
Nos fitam de outro século 171
Aquém de sua vontade 172

A IDADE DA AURORA

Os cavalos 81
Gerações de sóis (João Serafim) 236
Suserania 238

AMAR, A MAIS ALTA CONSTELAÇÃO

Soltos de imensidão 21
Abandonei-me ao vento 44
Os meus sentidos 46
Clara onda 84
Figurantes 159
Formoso é o fogo 161
Poemas e sapatos 174
Proa mergulhada 177
A bicicleta 188
Impronunciado 202
Soneto aos sapatos quietos 240

ÁRVORE DO MUNDO

Contra a esperança 49

Família 85
Claridade 89
Coisas, coisas 97
Sabedoria 119
Afluentes 123
A batida do sino 125
Todas as minhas raízes 137
Aqui ficam as coisas 141
Se perguntas 162
Dívida 169
Fausto 198
Fragmentos 239

CANGA: JESUALDO MONTE

Poema da devastação 26
Secaram o corpo 33
Lisura 71
Interregno 191
Cântico 201
Agonia 232

CASA DOS ARREIOS

Assentada 19
Entreato 59
Nas altas torres 175

DANAÇÕES

Aos senhores da ocasião e da guerra 22
Repúdio 40
No tribuna 151
Aos amigos e inimigos 90
Da refeição assídua 154
O depoimento 157
A doma e sua danação 167
Inscrição 209

ELZA DOS PÁSSAROS, OU A ORDEM DOS PLANETAS

Infindável solo ou a ordem dos planetas 61
Cantata em rodas plumas 86
Cantata ao pavio das águas 112
Cantata aos relógios-olhos 156
Cantata do universo 218

LIVRO DE GAZÉIS

Gazel do universo começando 117
Gazel de teu paraíso 120

LIVRO DE SILBION

Foste 24
Construção da noite 36
Nossa é a miséria 69
Era uma casa 102
Os homens eram sombrios 105
Escreverei aurora 214

O CAMPEADOR E O VENTO

De como a terra e o homem se unem 28
Estão enferrujados 35
O homem sempre é mais forte 47
O que é do homem 58
O vento com seu cavalo 139
O campeador com as rédeas do tempo 203

O CHAPÉU DAS ESTAÇÕES

Aventura 74
A chuva do Velho Testamento 76
A idade 80
Redondel 88
O nome 144
Os amantes se guardam 164
Os mortos – eu os vi – na primavera 212

O POÇO DO CALABOUÇO

O selo dos dias.. 133
Parceria 135
Bem-aventuranças... 148
Alforria 216
Restrições.. 221

ORDENAÇÕES

Disciplina.. 91
Resguardo 116
Limite... 127
Quitação... 128
Considerações à beira do café..................................... 146
Inquisição 189
Roda 193
Flagrante.. 194
Considerações sobre a falência 228

OS VIVENTES

A um soldado desconhecido 43
Giordano Bruno fala aos seus julgadores.................... 53
Nicanor e seu cavalo... 75

OS VIVENTES (PARTE INÉDITA)

Napoleão Bonaparte 30
O martírio de Estêvão, o diácono................................. 56
O Bufão "El Primo" – Dom Diego de Acedo (Velasquez).. 67
Bufão Dom Sebastião de Morra (Velasquez) 82
Públio Orégano, ditador 93
Os fuzilados de Goya 142
Elisa Margarida 151
Diego Fronteira... 182
Teotônio – banqueiro 184
Arão, o peixe... 186
Luiz Vaz de Camões 196

SÉLESIS

Dentro de mim 173

SIMÓN VENTO BOLÍVAR

Pai 99
O eterno retorno 122
Bolívar fala aos contemporâneos 207
Balada de Manuela Saenz 208

SOMOS POUCOS

Prólogo 38
Ciclo 150

UM PAÍS O CORAÇÃO

Vaso 110
Laços 111
Relâmpago 113
Entre vozes, escrevo América 130

INÉDITOS

De longo curso 45
A genealogia da palavra 57
O cego da guitarra (Goya) 72
Entre as cinzas 73
Talvez 100
O pampa e eu 114
Ulisses na caverna dos ciclopes 178
Testamento verde 210
Gazel imperfeito 213
Paiol da Aurora 223

Biografia 241
Obras do autor 243

"Nada se perde, tudo muda de dono – a tardia reflexão de Lavoisier ao ver que lhe haviam batido a carteira" (Mario Quintana). E eu que não sou Lavoisier, e constato sua lei a cada passo, senti-me perplexo e desiludido com o que me sucedeu. Com a mesma e nítida impressão do sábio francês, também vitimado na guilhotina.

COLEÇÃO MELHORES CONTOS

Aníbal Machado
Seleção e prefácio de Antonio Dimas

Lygia Fagundes Telles
Seleção e prefácio de Eduardo Portella

Breno Accioly
Seleção e prefácio de Ricardo Ramos

Marques Rebelo
Seleção e prefácio de Ary Quintella

Moacyr Scliar
Seleção e prefácio de Regina Zilbermann

Machado de Assis
Seleção e prefácio de Domício Proença Filho

Herberto Sales
Seleção e prefácio de Judith Grossmann

Rubem Braga
Seleção e prefácio de Davi Arrigucci Jr.

Lima Barreto
Seleção e prefácio de Francisco de Assis Barbosa

João Antônio
Seleção e prefácio de Antônio Hohlfeldt

Eça de Queirós
Seleção e prefácio de Herberto Sales

Mário de Andrade
Seleção e prefácio de Telê Ancona Lopez

Luiz Vilela
Seleção e prefácio de Wilson Martins

J. J. Veiga
Seleção e prefácio de J. Aderaldo Castello

João do Rio
Seleção e prefácio de Helena Parente Cunha

Ignácio de Loyola Brandão
Seleção e prefácio de Deonísio da Silva

Lêdo Ivo
Seleção e prefácio de Afrânio Coutinho

Ricardo Ramos
Seleção e prefácio de Bella Jozef

Marcos Rey
Seleção e prefácio de Fábio Lucas

Simões Lopes Neto
Seleção e prefácio de Dionísio Toledo

Hermilo Borba Filho
Seleção e prefácio de Silvio Roberto de Oliveira

Bernardo Élis
Seleção e prefácio de Gilberto Mendonça Teles

Autran Dourado
Seleção e prefácio de João Luiz Lafetá

Joel Silveira
Seleção e prefácio de Lêdo Ivo

João Alphonsus
Seleção e prefácio de Afonso Henriques Neto

Artur Azevedo
Seleção e prefácio de Antonio Martins de Araujo

Ribeiro Couto
Seleção e prefácio de Alberto Venancio Filho

Osman Lins
Seleção e prefácio de Sandra Nitrini

Orígenes Lessa
Seleção e prefácio de Glória Pondé

Domingos Pellegrini
Seleção e prefácio de Miguel Sanches Neto

Caio Fernando Abreu
Seleção e prefácio de Marcelo Secron Bessa

Edla van Steen
Seleção e prefácio de Antonio Carlos Secchin

Fausto Wolff
Seleção e prefácio de André Seffrin

Aurélio Buarque de Holanda
Seleção e prefácio de Luciano Rosa

Aluísio Azevedo
Seleção e prefácio de Ubiratan Machado

Salim Miguel
Seleção e prefácio de Regina Dalcastagnè

Ary Quintella
Seleção e prefácio de Monica Rector

Hélio Pólvora
Seleção e prefácio de André Seffrin

Walmir Ayala
Seleção e prefácio de Maria da Glória Bordini

*Humberto de Campos**
Seleção e prefácio de Evanildo Bechara

*PRELO

Impresso por:

gráfica e editora

Tel.: 11 2769-9056